心旅伴

旅游心理学实践指导手册

韦志中◎著

台海出版社

图书在版编目（CIP）数据

心旅伴 / 韦志中著 . -- 北京：台海出版社，
2020.3
ISBN 978-7-5168-2524-2

Ⅰ . ①心… Ⅱ . ①韦… Ⅲ . ①心理学—通俗读物
Ⅳ . ① B84-49

中国版本图书馆 CIP 数据核字（2019）第 286551 号

心旅伴

著　　者：韦志中

出 版 人：蔡　旭
责任编辑：赵旭雯

出版发行：台海出版社
地　　址：北京市东城区景山东街 20 号　邮政编码：100009
电　　话：010 — 64041652（发行，邮购）
传　　真：010 — 84045799（总编室）
网　　址：www.taimeng.org.cn/thcbs/default.htm
电子邮箱：thcbs@126.com

经　　销：全国各地新华书店
印　　刷：天津旭非印刷有限公司
本书如有破损、缺页、装订错误，请与本社联系调换

开　　本：880 毫米 ×1230 毫米　1/32
字　　数：135 千字　　　　印　　张：6.5
版　　次：2020 年 3 月第 1 版　　印　　次：2020 年 4 月第 1 次印刷
书　　号：ISBN 978-7-5168-2524-2

定　　价：49.80 元

前言

本书是我多年亲自带领心理旅游团的实践经验的总结，相当于大量第一手资料的浓缩，也是我多年心血的凝结。

“心旅伴”这个概念的提出，源于第一次与企业合作的，让员工边旅游边参加团体辅导的项目。这个无意之中的新颖的操作方式，虽然当时的团体辅导是在室内进行的，但是也颇具心旅伴的雏形，至少将旅游和团体心理辅导在时间和空间上结合起来了。经过反思和改良，心旅伴的初级形态——心灵成长之旅出现了，在多次实践之后我最终提出了心旅伴的概念。通过之后几年的理论思考和实践探索，各方面的概念、技术日趋成熟，最终用网校录课和著书立说的形式，将“心旅伴”这一新颖的造福大众的旅游模式记录下来。

本书共分为五章。前四章主要是有关心旅伴的理论梳理，也夹杂着部分实例说明，具体内容包括：心理学在旅游中的定位和应用，旅游的开发、生态和文明，旅游的心理资本建设与提升，心旅伴的发展历程、技术、主题设计、线路规划，心理导游的角色定位和能力要求等。第五章是针对一些较为经典的技术和活动进行具体分析，这些实例都有视频记录，我邀请了几位参与过这些活动的心理导游一同观看及讨论，在这个过程中更是挖掘了参与者的一些真实的体验。

写作本书，我希望能为旅游产业从业工作人员提供一些工作参考；我也希望从事社会服务工作的人员、教育工作者、旅游爱好者、政府相关工作人员，以及关注旅游或心理学的各行各业人士，能从书中学习到一些人际关系的处理方法，能得到自我力量的成长；同时，我也希望广大读者朋友能了解到心旅伴的内涵和价值。

对我而言，将多年来断断续续做心理旅游的实践记录下来，并让广大读者朋友看到，也是一件幸福的事情。

韦志中

导语

本书旨在阐述心理学在旅游中的应用与研究，我之前也研究过心理学在学校中、社区中和企业中的应用，甚至还研究过心理学在扶贫中的应用。心理学在旅游中的应用与研究这个课题，我在多年前就已经做了一系列的探索和研究，曾组织心理学团队做过相关的一组社会实践，于是，我全面认真地整理这段时间以来的实践所得和理论研究，精心撰就这本书，期望能让心理学在旅游中发挥更大的效用，能为旅人们进行心灵疏导献一份力。

本书前面几章，重点在于阐述心理学在旅游中的应用、概念、技术和原理，这些内容都按照时间和逻辑的顺序一一道来。本书最后一章，核心在于实例的展示与分析，这些实例都是历年来本会团体做的心理学在旅游中的应用操作实例，通过回顾这些具体的实例，可以把读者带到当时那次旅游的情境中，之后再对这些案例进行解读，会让读者更加身临其境地体会到这种实操的氛围。同时，我也会对这些实例做深度的剖析，以表达出旅游心理的重要观点。

目 录

C O N T E N T S

001

第一章 心旅伴的定义和定位

一、心旅伴的由来 / 002

二、心旅伴的定义 / 013

三、心旅伴的定位 / 015

第二章 心旅伴的相关探索

一、旅游景区的开发心态 / 022

二、与心旅伴相关的生态心理学的四个维度 / 024

三、旅游的文化心理解读 / 031

四、心旅伴与体验式团体教育模式 / 037

五、心旅伴的“金科玉律” / 039

六、心旅伴是一种特色旅游 / 043

目 录

C O N T E N T S

第三章　心旅伴中心理成长的最大化

一、旅游的心理资本建设 / 048

二、从团体心理咨询的视角看心旅伴 / 074

三、影响游客心理成长的因素 / 081

四、优秀的心理导游才能助游客成长 / 086

五、游客的旅游体验 / 093

六、心理成长最大化的具体方法 / 096

第四章　关于心旅伴的技术

一、主题设计与线路规划 / 114

二、冥想放松的训练技术 / 125

三、感官体验技术 / 127

四、旅游心理技术背后的文化符号体系 / 131

目 录

C O N T E N T S

第五章　心旅伴的实例分析

一、成员们的动机与投入 / 144

二、对四个小主题活动的解析 / 150

三、论心理导游的自我修养 / 159

四、爱母亲、爱祖国 / 177

五、敖包文化与仪式感 / 180

六、亲子教育的成长活动 / 185

第一章
心旅伴的定义和定位

所有的创新和最初的理论的概念和观点，都是在之前的一次次不经意的探索中获得的。

一、心旅伴的由来

（一）心旅伴在理论上的萌芽

心旅伴实际上是由众多方面融合而产生的，包括生态心理学、旅游、具身认知心理学以及进化心理学等。其中，在生态心理学的主导影响之下，具身认知心理学的科学理论捋顺了人与自然的互动和融合，再加上进化心理学的推进，才有了比较成形的心旅伴（心理旅游）的概念。

1. 进化心理学的推动作用

进化心理学能够帮助解答人类在旅途中的一些与进化的人类情绪、习惯、行为有关的问题，在一定程度上推动了心旅伴的产生和发展。

人类在进化的过程中，在与大自然互动的体验中，实现了人类自身的演变和发育，当代人类的一些心理的社会功能，都是由体验不断进化而来的。小孩子去郊游、去野炊或者去野外随便走走，他们在河边戏水，跟鸟儿飞出鸟笼的样子差不多，这都是在解放天性，这里的天性是进化而来的。而人类骨子里对野兽或者蛇类的惧怕，也是由远古人进化而来的，我们基因里的意识就是蛇是危险的、致命的。

人类的文化基因和进化基因中有一种恐惧基因，这种恐惧是有指向的，告诉人们哪一类事物有危险。“一朝被蛇咬，十年怕井绳”，不仅是心理的创伤体验，而且是文化创伤体验。在没有被蛇咬而突然见到草绳的情况下，人类的第一反应也是害怕，因为草绳的外形让人联想到蛇之类的颇具毒性或者攻击性的动物。这是受到了人类进化基因的影响。既然我们进化的基因中有对一些事物持有的本能的恐惧感，那么同样也会有人类与自然互动的体验功能，比如美感。但是当下的很多人都习惯了宅在钢筋混凝土的家里，大部分人很少去户外或野外赏景，从进化规律来看，这是不太利于健康和发展的。

2. 心旅伴的建立过程

（1）心旅伴潜伏期

很多好的理论或者事物往往是跨文化、跨界的以及融合的。比如说杂交水稻之父袁隆平，终其一生都在研究怎么通过生物性的杂交（不是化学转基因），培育出高产且生存能力强的水稻。在这一过程中，他先选定一些已知的优质稻种，然后在野外找野稻，再一一结合、种植、收获、检验，最后才选出了产量高、生存力强且口感好的杂交水稻。

袁隆平先生培育杂交水稻这样的探索之路，迁移到旅游心理学的诞生过程上，也一样适用，因为它们同样是一波三折、充满挑战的历程。2006 年，笔者的本会团体开始探索心旅伴（最初叫作心灵成长之旅）；之后到 2010 年，这几年的时间是心旅伴的潜伏期，是一种在实践摸索中酝酿理论的时期。

（2）心旅伴的成立期

2010 年，笔者的团队意识到，心理旅游能以更具深度的方式进行开展，于是通过社交平台发布相关消息，招募了约 30 人，组团开展一系列的、具有成长性质的、有拓展主题的心理旅游活动。通过在报名名单中进行筛选，这次活动集结了各路心理学的爱好者和各行业的精英，他们对心理旅游的执着和热爱更是增强了笔者本会团体的心理动力。

而且这一次的心理旅游项目与以往不同，这些不同之处表现在：

①正式提出了“心旅伴”这个概念。笔者思索之余，想到旅途中这样的旅伴那样的旅伴，都不如心灵的旅伴。所以，在旅行中成长，就是心灵旅伴在起作用，这个旅伴可以是外界的旅行陪同者，可以是一段话、一本书、一个故事或者一首诗词，也可以是一座大桥、一片海滩、一湾清泉或者一座巍峨的山峰，甚至可以是自我与自我的对话，凡是能对心灵起到触动作用的都可以称之为心理旅行的伴侣，都可简化为“心旅伴”，这就是笔者理想中的定义。

②以心灵成长为目的。这次活动是自主组织的，不受制于企业中员工拓展的框架。以前做的成长之旅项目大多是进行企业的员工心理素质培训，要围绕着企业合作方设定的目的，但这次笔者团队面向社会自主招募 30 位成员，历时 12 天，目的地包括拉萨、内蒙古等地，更加地系统化，更有自由度，探索过程也更加深入。

（二）心旅伴在实践中的缘起

1. 团辅在员工旅游中的小试牛刀

2006 年，笔者组织心理学团队开始探索心理学在旅游中的应用。2006 年，笔者开办了一个华南地区的团体心理咨询技术的培训班，是在华南地区开过的九届培训班其中的一届，这届培训班上有三位学员的身份比较特殊，都是来自各行业的精英。第一位是某跨国丹麦独资企业的 HR（人力资源总监）；第二位是羊城之旅旅行社分部的一位部门经理；第三位学员是当时大型拓展训练公司——人众人拓展公司的拓展训练师。

2006 年，随着 EAP（员工心理援助计划）在企业中的流行，很多大型企业都已经有关心员工的心理体验和保持员工心理健康的意识了。这位 HR 通过这一届团体心理咨询训练班的培训，联想到其公司目前的需求，提出为该公司做一次深度的内训，而且是陪着员工边旅游边做团体心理辅导。该公司的团辅需求背景如下：每年该公司均会组织员工参加一个年终的福利旅游，旅游期间有美味佳肴可以畅享，有名胜古迹随意游览，基本都是去周边的邻近城市做一个历时两三天的短期旅游。

但是这种纯粹的旅游不能满足企业对员工进行心理排解或者素质提高的要求，故邀请笔者的团队来进行一场为员工定制的团体心理辅导。团辅的要求是：内容适宜，任务不要过多过难，要让公司的员工在旅游放松的同时参加团体辅导，增加公司员工的集体凝聚力，排解员工的生活和工作压力，并且增加其工作信心，提高其思想觉悟。所以这是一次福利和教育并存的员工团体旅游。

以此为基准，笔者的团体咨询团队精心设计了一套适宜的团辅方案。有了这位拓展训练师的邀请和提议，再加上培训班里的这位羊城之旅旅行社经理的专业策划，直接为接受团辅的员工们设计了一条旅游线路，之后具体的旅行细节都交由旅行社安排，另外的培训班学员搜集和策划一些方案，由笔者做总导师。计划敲定，笔者的心理咨询工作室，与旅行社和该公司签订了相关的三方协议，这份协议的签订，正式拉开了笔者进行“心理导游”的心旅伴活动的帷幕，也为笔者的首秀奠定了高水准的基础。

2006 年，这次旅游团辅的目的地是佛山南海山水市，属于佛山地区的侨鑫度假村。旅游度假的地点位于森林公园里的独立别墅群，这里的休闲项目应有尽有，完全能满足员工们开展各种娱乐活动的要求，而拓展训练基地的硬件设备也很齐全，甚至还有野外真人版 CS 狙击项目。所有的硬件设备，包括户内的、户外的，都是高科技，让人十分享受。这短短几天的旅行能让员工暂时抛开生活的烦琐杂事，尽情放松。

2. 团辅流程

回顾一下当时的团辅流程：

主题

公司员工的心理调适。

时间

3 天，非全天候。每天上午 2 个小时，其中 1 天下午 2 个小时，安排团体辅导和户外拓展；3 天的晚上都有自愿参加的个体心理辅导，非强制性；剩下的 2 天下午，员工们自由活动。

内容

团体心理辅导 + 个体心理咨询 + 户外拓展，以心理学方面的内容为主，没有真正地跨界到旅游领域。

流程

（1）团体辅导方面

员工当晚便入住妥当并开始了度假时光。员工一共 90 多人，每组 9 到 10 位员工，共 10 组。笔者选定了 10 位优秀的团体咨询助手，分别担任 10 个心理咨询小组的组长，他们带领着这些团体，进行心理学方面的专业咨询和辅导。

（2）个体咨询方面

个体的心理咨询时间定在晚上，员工参加与否都是自由的，10 位心理团辅的组长分别在不同的房间里等自愿参与个体咨询的员工，笔者接待的个体咨询的对象是公司管理层人员。咨询的内容包括谈心事、心理调适或者解决隐私方面的问题和疑惑等。因为该企业是一家外资企业，员工的素质普遍偏高，他们对心理咨询的接纳程度和认识度也高，所以个体心理咨询的环节也是有部分员工积极参与的。

（3）户外拓展方面

第三项就是户外拓展。当时户外的拓展训练比较流行，主要内容是团队建设。笔者的培训学员中有一位是户外拓展专家，很顺利地带领几位组长开展这项拓展工作。

资金投入

该外资企业对员工的心理健康和心理调适非常重视，这 3 天的项目共耗资 20 多万。

收获

（1）心灵成长之旅。这次活动让笔者体验到带着心理学去旅游的神奇感觉。除了想到心理旅游这个概念，笔者团队当时还称这次旅游为心灵成长之旅。当时带队的宣传牌上面还写着“心灵成长之旅”，心灵成长之旅是当时比较前卫的一种模式，这一概念虽然还不是“心旅伴”，但却像是心旅伴的前传，也是心旅伴发展的底蕴和基础。尽管那个时候，笔者做得还不够成熟，但开端是良性的。

（2）动力发展曲线图。笔者团队在设置这个为期3天的项目时，将方案构思和整理成形的讨论在会晤过程中，依次给助手们解读了团体心理辅导的动力发展曲线图。团辅过程中成员内心的动力发展涉及以下问题：初始阶段需要保持何种水平？成员们的心理状态应该处于何种状态？后续的活动如何启动？后续的活动应该选择哪些内容？讨论之后，团队合力画出一个为这个3天旅游项目定制的动力曲线图，时间跟着这三天的设计活动线向前走，这期间的团辅活动基本上按照事先规划好的动力曲线图来把握进度以及推动员工心灵成长。这一实践证明了，如果在设计课程方案、团体方案的时候，完全地按照这个动力发展曲线图去设计，那么就会对整个活动的进程有一个精确的掌握，即可以知道什么时间点该开展什么性质的环节，以便使团体的成员逐步达到一个什么水平的心理动力状态，最终就能使全员心灵成长。

动力发展曲线图能将团辅的环节细化到什么程度呢？举例来说，某个时间点的某个环节中做什么活动？这个时间点团体的场应该发展到什么程度了？团体中的成员大概可以有多少人能够自我暴露并进行情感宣泄和疏导，而在此过程中，自我暴露的成员很有可能会控制不住情绪而流泪或失声痛哭。这些动力发展曲线图能把一场团辅安排得明明白白、清清楚楚，所以这次的实践奠定了一个动力发展曲线图在团辅中得到更多应用的基础。后期所做的这方面的完善工作，就是这个团体动力曲线图技术的一次又一次的实践应用。

总结

所以在这次的项目中笔者能发现什么？那就是：所有的创新和最初的理论的概念和观点，都是在之前的一次次不经意的探索中获得的。如果笔者没有这次为期 3 天的项目的探索，也就不可能有后来的心旅伴；如果没有那次在旅途中给员工做心理辅导的经历，也不会有笔者独创的心灵旅游这样一种服务模式；如果没有那一次的多种方式结合的心理探索，也不会有后来初具体系的本会团辅，至少不会那么早就建立成功；如果没有当时的会谈和即时的实践验证，团体动力发展曲线图这个团体动力学的概念也就不会形成。当然，也许没有那次旅游中的团辅，可能还有其他形式的实践活动让笔者形成其他的新思想。这次的实践让笔者尝到了甜头，从此心里埋下了一颗种子，一颗想将心理学应用在旅游中的种子，只是当时没有很强烈地意识到这颗种子可能会长成一颗参天大树。事实上，这颗种子不容易埋下去，因为当时笔者的团队，意识还停留在“心理学 + 企业”的点上，当时的这个概念已经成型，固化思维让我们将项目的性质定位成心理学在企业中的应用，也就是纯粹的野外 EIP，那时候没有想到将心理学应用到旅游中这件事。

将心理学的知识和技术一下子延伸到旅游上面，确实是比较难以办到的，除非是有像笔者团队上述所做的项目为引子。因为旅游是一个属于文化方面的概念，而在企业中做心理学培训，那是属于教育的概念，从教育的概念跳脱到文化的概念，这个过渡，如果思维不发散、想法不灵动的话，一般情况下是很难转换过去的。举例而言，一条河和一片草原中间夹着一座大山，若要将河水引到草原去灌溉牧草，没有中间的设备或者大自然的搬运是不容易办到的。如果是借助自然现象进行西水东引的话，那么河水必须得经过日头暴晒蒸发成云彩，云彩飘到草原上方下雨才能实现灌溉。所以在心理学的服务层面上，要拥有这种灵感来进行联结，产生灵感的能力就是创新能力。再者，要经历不同的心理变化才有可能拥有创新的成果。

（三）旅游已成国民休闲的常态

旅游这一活动已经成为人们在业余时间进行休闲放松的一种主要方式。很多人在生活中遇到心理方面的困扰时，不一定会求助于心理咨询，目前的心理咨询的普及程度和公众接受程度也还没达到这样一个水平；也可能不会去查找资料进行学习和自我改进。在大多数人看来，求助意味着示弱和暴露缺点，被求助的对象也不一定能帮忙疏导，所以大家不太可能主动去寻求身边的朋友或者家人的帮助，甚至也不太接受他人主动的帮助。另外一个现象就是，大多数民众不太会主动去做自我成长，而只有少数人才会在一生当中走进自己的内心，去探索和自我实现。

所以学习心理学的人主动结合相关的专业知识去探索内心、去向内求索生活意义和自我价值的行为，可能在大众眼中是多余的、没有意义和价值的，更有不理解的人会认为这种探索充满了神经质的气息，用通俗的话语表述就是“脑子有毛病”。但实际上，芸芸众生，任何个体在一生中都会有生活琐事的困惑和人际关系的冲突，甚至有自我认同的危机，这些问题都可能造成其情绪上的高低起伏。可能一个发生在外部的冲突事件，会刺激个体内心导致其在心理、生理或者社会层面的失衡，最直观的体验便是内心痛苦、身体不适或者人际关系紧张。

人们失衡之后会如何调节？心理学相关工作的从业者、精神治疗服务人员、精神卫生工作人士以及一些有信仰的人，他们可能更多地会往内心走，会去求索生命的意义和价值。一部分人是向外探究，一部分人是向内求索，而社会中其他个体，上面说的内求外索这两条路都没有走，那么可能走的就是第三条道路——儒家之道。

儒家之道，即修身齐家治国平天下，原文是“古之欲明明德于天下者，先治其国；欲治其国者，先齐其家；欲齐其家者，先修其身；欲修其身者，先正其心；……心正而后身修，身修而后家齐，家齐而后国治，国治而后天下平。”大意是说：古代那些要使美德彰明于天下的人，要先治理好他的国家；要治理好国家的人，要先整顿好自己的家；要整顿好家的人，要先进行自我修养；要进行自我修养的人，要先端正他的思想……思想端正了，然后自我修养完善；自我修养完善了，然后家庭整顿有序；家庭整顿好了，然后国家安定繁荣；国家安定繁荣了，然后天下平定。这是传统儒家思想中知识分子尊崇的信条。以自我完善为基础，通过治理家庭，直到平定天下，是几千年来无数知识者的最高理想。

而崇尚儒道的这一部分人，通过自省、慎独、学习以及实践达到知行合一，做一些有助于自我提高的事情。在此过程当中，其内心从失衡状态调整到平衡状态，达到平衡后，再去自省、慎独、学习和实践来超越自己，寻求超越的过程中，内心可能再度出现新的失衡状态。然后再次通过做一些事情来调整到平衡状态，如此循环往复，久而久之，进行上述操作的个体，其人格和心性就得到了磨砺，而当其自我的成长发展达到一定的高度时，该个体便成为一个完善的人。

除了上述这三类内求外索的人之外，还有很多普通人，他们在心理成长的道路上，上面的三条路都没走，既没有走笔者的心理调试和精神治疗的第一条路，也没有走信仰宗教或者自然的第二条路，也没有走不断地实践学习这第三条路。那他们走的是哪条路呢？他们走的是游历之路，即通过出游，看看风景散散心，来达到释放压力、放松身心的目的，这是时下比较流行且解压的国民风尚。

其实这股风尚的历史由来已久，古时人们是否经常旅游尚未可知，但据部分史册记载和相关的文学作品显示，古人虽然不像现代人那样有“空中飞人”式的旅游体验，但也有开展一些郊游的活动。以古代的王公贵族和皇帝们为例，他们常常出行或者郊游，偶遇风景绝佳之宝地，遂就地建造行宫或者山庄，这也是一种享受旅游的方式。古时达官贵人、王侯将相们建造的那些行宫或山庄就成了一些名胜古迹，成了现代人去游览、瞻仰和膜拜的景点，这些景点的存在也是在告诉我们一个事实，过去人们已经有了旅游这样的活动和爱好。

二、心旅伴的定义

心旅伴既不像一种游学，游学即一个老师带着一群学生在游玩中学习；又不像心理治疗，心理治疗是一群人围绕着一个主题，在治疗师的带领下做系统性的多次的治疗，以达到解决自身某些心理问题的目的；心旅伴也不像普通的旅游，相对表面化地散心和赏景；心旅伴更不像企业员工的素质培训，职业培训是以具体能力为导向的有组织、有考核的过程。

所以，心旅伴是一个"四不像"的存在，既不像团体游学，又不像心理治疗，也不像普通旅游，更不像素质培训。心旅伴的背景是心理学旅游，它隶属于生态心理学这个学科，以生态心理学为核心理念和方向，以积极心理技术为过程，在人与自然、人与社会、人与自我、人与身体这四个方面开展工作，最终目标是实现心灵成长，因此，心旅伴的核心技术是生态心理技术和积极心理技术。所以，心旅伴的落脚点在旅游上，心理学的各种活动和技能都是服务于旅游，也服务于旅游的人——游客。

在传统模式的旅游中，游客与风景互动多于游客之间的互动和游客与自我的互动，旅游的过程中不会有人分享心得、倾诉苦闷、互相支持，但心旅伴有人与社会、自然、身体（生理）、自我（心理）这四个方面的互动。在主题活动中，大家的投入会形成一个互相促进的场，成员之间会有相互影响的关系动力，在参与主体活动的过程中，成员一边体验景点的文化和历史，一边探究自己的内心，通过一次次的倾诉与领悟，达到自我成长。这其中含有心理咨询和治疗的技术和形式，但其本质还不止这些，心旅伴不是特意为解决游客的心理困扰而组织的，而是为了让游客在享受美景之外，顺便以心理技术为基础做一些旅游深度体验。

心旅伴中，成员们向内求索的过程，在形式上很容易被人看作是做团辅心理成长。举例而言，西藏心灵成长之旅中柏树王的景点，心旅伴中的30位游客手拉着手环绕着柏树王站立，闭眼冥想，想象柏树是有灵性的，它能开口讲话，大家可以在心里问柏树王一些问题。当场的参与者中，很多人在内心发问和交流的过程中泪流满面，这个与柏树王“交流”的过程也是自我成长的过程。

以上述活动为例，意在说明心旅伴与团辅的区别。首先，心旅伴的主题活动从严格意义上而言，是不太有连贯性和层次感的，在不同的景点选择不同的活动形式，每次活动的主题可能也不一样，甚至每位游客所体验和发展的主题都不一样。以与柏树王“交流”的活动为例，每个人心中的发问可以是亲情、爱情、事业、情绪困扰、悼念哀思等，这与传统团体咨询中层层递进、逐渐深入的主题化的咨询和治疗是不同的。其次，心旅伴的主题活动时时刻刻都处在景点当地独有的文化历史背景下，这其中蕴含的能量和影响力，是团体咨询或者治疗中难以具备的。最后，心旅伴的目的是用心理学知识和技术服务好游客，使其旅游的积极体验和内心疗愈达到最大化。游客可以不开放或者开放，他们是主导者。而团体心理咨询或者治疗则是比较结构化和目的性的，当然其心理学技术也会更专业和深入，深挖每一位来访者的内心感受，所用的技术也会更加系统化。

三、心旅伴的定位

心理学应用到不同领域的过程中，存在着跨界的现象，这个跨界还包含理念的跨界、文化的跨界以及技术的跨界。心理学应用到另一个领域时，便需要跨界的“桥梁”，其作用好比下坡太陡需要台阶，上楼太陡需要梯子一样。当心理学应用到旅游的领域，其中的“桥梁”就是技术。

心理学应用到旅游中的技术，根据情境和状态的不同而有所改变。比如在原始森林里上树，就地取材最好的工具可能就是藤条。所以，心旅伴中的心理技术是实现目标的手段，那么心旅伴的心理导游便能针对当下的环境和成员们的状态，采用最为合适的心理学技术，再借助大自然的文化力量，开展各种主题的活动，甚至可以创新出更适合心旅伴的心理旅游技术，这样心理学和旅游的跨界问题便能得到解决了。

心旅伴即心理学与旅游的结合，但是如何定位这其中的重点呢？到底是“心理学 + 旅游”，还是“旅游 + 心理学”？若是“旅游 + 心理学”，则以旅游为主导；若是“心理学 + 旅游”，则以心理学为主导。部分心理学从业人士对心理学在某个方面的应用时的定位问题，持有一种自大或者高傲的态度，导致这些从业人士在开展研究或工作的过程中，持有以自我为中心的心态。如果保持这种态度的话，笔者创办的“心理学 + 互联网”就成了心理学主导，“心理学 + 社区服务”也就成了心理学主导，“心理学 + 企业服务”最后还成了心理学主导，这就成了心理学为主和其他研究方面为次的问题。

而心理学相关的工作人员真正应该持有的态度到底是什么？是运用心理学的原理和技术，去推动和服务于原来做的那一项工作，比如说“心理学 + 社区”，它还是社区服务；而“心理学 + 企业”还是围绕企业的绩效，不是围绕心理学的发展，在这个过程中，心理学的理论和技术为发展企业的绩效所用；同理可知，“心理学 + 旅游”还是重点在于旅游而不在于心理学，最多只能算作旅游心理学或者心理旅游的概念。这便是在讲解心理学在旅游中的应用之前，需要先整理清楚的定位问题。结合这里所说的心旅伴的定位问题，以今天的视角去解析上述 2006 年本会初次的尝试，能发现在这第一次的实践中，笔者团队的心理学工作人员还是端着的，没有以旅游为落脚点来进行心理学相关的探索，大家当时还是以心理学人的身份参与其中，还是心理学做团体的视角来看待问题。

将心理学的理论和技术与服务领域、学科结合的过程中，应该如何保持心理学的“自我”呢？心理学到底是主导者的角色，还是从属者的角色呢？如若没有澄清透彻，那就可能让工作者们在实践中陷入困惑、冲突和迷茫。

心理学的从业者们有一个愿景，想将心理学知识和技能应用于各个社会人群中，这是笔者自身的一种情怀，也是心理学从业者们的价值所在。但若心理学知识与技能不能被应用在社会人群的生活和工作中，只是被束之高阁，只是埋在纸堆里纸上谈兵，或者只是心理学人们的自娱自乐，只是存在于研究心理活动的规律的理论著述里，而不考虑心理学人的价值所在，也不考虑心理学是否服务于这个时代和社会，那么，心理学的价值也就成了无根之木和无源之流，而从事心理学服务和研究的人也就不可能体现出其价值了。

要想体现心理学的价值，就要让心理学服务于各个群体，应用于各个社会方面。那么在应用过程中的定位方面，心理学和心理学人就必须“放下自我”，主动融合进所要服务的领域。因为要将心理学知识和技术应用到其他行业或者群体，那么就需要心理学的从业者有服务的意识和奉献的精神，以所服务和应用的行业和群体为主，收起研究者的自大和自傲。

反之，定位不对可能会导致心理学工作者“水土不服”。如果心旅伴的心理导游以一种自以为是的、放不下身段的心态去做研究或者服务工作，就会跨不过去跨界的槛，就可能出现跨文化的不适应现象，那么工作的效率和研究的成果也会大打折扣，用通俗的语言表达就是，文化跨界不顺利导致的“水土不服”。

定位不对还可能导致对方行业的抗拒和排挤。如果心理学工作者保持高傲的态度，藏着掖着而不主动去融合于想要服务的行业，还在认为心理学高深且不落凡尘，以治疗者看待精神病患者的态度自居，认为其他行业和群体都有毛病，以拯救者的身份开展工作的话，那么，无论是社区、企业还是旅游领域的群体，都不会接纳这样的心理学工作者。可能在他们看来，心理学的知识与技能根本与他们毫无关系，那与这样高傲的心理学人结合就更没有必要了。

所以，心理学的工作者要做到主动融合，放下“自我”，态度谦逊，以解决问题为导向。

举例而言，心理学工作者们给旅行社的一群导游上课。按照导游们的固有认知，他们可能对心理学研究的内容没有客观而确切的了解，也不会联想到心理学与旅游之间会有何种关联，也无法认同心理学的知识技能会让他们的工作如虎添翼，这些他们都没有意识到。所以首先从理念和认知上，双方可能就出现了一个认识不匹的问题，刻板印象会让导游们认为此刻的培训是心理治疗，而他们自己被当作了有心理疾病的人，而并不认为心理学可以帮助其提高工作效率，也不会想到心理学知识能开解内心，让自己在工作中的幸福感更强。

以心理学与旅游相结合的定位方法来探讨，心理学的工作者们必须放下“自我”的高傲身段。以上述给导游培训的例子来讲，心理学者们要以旅游这个行业的角度跟导游们深入沟通，去提问或去做调研，以掌握第一手资料，而不是站在自己主观的视角来鄙视其他领域。在这个过程中，心理学从业者们可以提出的问题有很多，可以是下列这些：你们做导游的工作内容包括哪些？你们在做导游的过程中有没有出现一些心理冲突？游客高兴地来旅游，却为什么最后会败兴而归？导游们怎么看待游客与导游之间的冲突问题？这样的一系列提问，让心理学工作者们站在导游们的立场和角度，互相之间做深度的沟通，去讨论导游们在工作中遇到的各种问题，给了导游们一个新的对待工作或者对待游客的视角。这样或许可以给导游们一些启发和建议，这便是心理学融于旅游的意义和价值之一。

是“心理学 + 旅游”，还是“旅游 + 心理学”？是主动融入进去还是以自我为中心？这两个问题都得到了解答。这个定位方式的玄奥之处就在于，以辩证发展的眼光看待问题。心理学主动融于旅游，以旅游为落脚点，看似心理学是被动的，实际上心理学抓住了影响旅游行业的主动机会；而如果心理学工作者自持高傲地端坐着而不行动，看似掌握主动权，然而不会有融于旅游这一行业的机会，结果反而是被动的。被动和主动，这是辩证发展、互相转化的两个状态。表现在人与人的互动活动中，就好像甲乙两个人的争论，如果甲方非要得理不饶人，可能到最后甲方反而没有了理；而如果甲方不是老想要讲理，可能最后甲方反而是有理的。越是极力解释，越是标榜自己的正确立场，越是极力证明自己有理，有时候越是不能得到满意的效果。

第二章
心旅伴的相关探索

因为社会的各方面总是相互联系、相互作用的，故对旅游的文化背景和生态背景进行一一解读，很有必要。

一、旅游景区的开发心态

当下基本上所有的旅游公司和旅游景区开发公司，都尽力地打造完美的 5A 级景区，并进行大量的土地改造和经济投资。比如河南焦作，以前生产煤，现在以太行山为依托，耗巨资打造出一个旅游风景区——云台山，各种管理服务都完备，各种硬件设备都齐全，各种景点都精雕细琢，但这还是不够极致和完美。

为何不够？从心理旅游的视角来看，这些景区还是把旅游活动当成了流水线，上山坐缆车，游客轻松到达山顶，然后访亭台阁楼，游湖中小船，观瀑布，瞰峡谷，累了饿了有餐厅饮食服务，游客们基本上走马观花游览一通、拍照一圈，从头参观到尾，结束了就身心疲惫地踏上归程。这类性质的旅游，实质上像是工业流水线上的旅游设计。如果预先设想去某个景点进行一次完美的游玩，给它设定的旅游体验分数为 100 分，而现在经过人工安排的同一个景点的旅游体验，就只剩下了 50 分，100 分变成 50 分，但是大家都还挺满意，旅游之后的感想就是心情还不错，总比待在家里宅着强。但实际上他们去这个景点游玩的体验完全可以再进一步。

但为什么开发商开发出来的景区大多数都达不到 100% 体验呢？原因就在于他们没有将游客的心理体验性摆在首位。有一些景点本身就具有天然的心理体验，比如说爬华山，爬到了一些陡峭险峻的地方（古代道士和习武之人云游攀登的险地），开发之前没有绳索，也没有任何的安全护具；后来景点开发之后，安装上了万无一失的护具，能保障游客的人身安全，这是很好的人文关怀和安全意识，但是游客真正想要的内心刺激的那种体验就会失去一大半。现在也有很多开发商开始兼顾安全保障和感官刺激，所谓无限风光在险峰，能在安全的防护下让游客体验到高空漫步或者高峰攀爬的刺激，这也大大地提高了旅游项目的心理体验价值。比如说张家界景区依山而建的高空玻璃栈道，站在这个玻璃栈道往下看，那种心理体验就比在一般的景区要强烈，同时生理上也会有腿软心悸的感觉，事后还久久难以忘怀，可能会记住一辈子。这种旅游才会有意思，所以开发景点时就得做出一些让游客的内心发生变化的刺激项目，内心受到刺激的话，生理也会产生反应，这是具身的。

心理的体验是伴随着生理的感官刺激产生的，且心理的体验又促进和加深生理的体验。外部的环境越美或者越险峻，游客感官受到的刺激越强，身体就会越分泌一些调节情绪和心理体验的物质，进而心理就越兴奋，心理越兴奋的话，生理的感应也会越强烈，生理和心理是相互影响的。人越是在内心情绪被高度唤醒的状态下，就越有那种情人眼里出西施的效应。举例而言，暧昧阶段的一对男女携手旅游历险，因为双方内心本来就有一种爱的朦胧体验，双方身体都分泌出大量的多巴胺，再加上美景和险境对视觉和触觉的刺激，身体分泌多巴胺的速度更快了，进而刺激双方的内心，这样处于内心极致体验的双方不仅仅觉得风景美不胜收，还会觉得眼前人也魅力无穷。所以，旅途的心情，在某种程度上是受旅游同伴的影响的，和对的人一起去看美的景，这样才最有意义。

二、与心旅伴相关的生态心理学的四个维度

心旅伴是离不开生态这个背景环境的，人在旅途中的心理状态研究，其实也是以生态心理学作为背景的。

今天我们从生态心理学的四个维度来探讨：人与社会、人与自然、人与身体（生理）、人与自我（心理）。借助这四个维度，能全方位解读心旅伴。

（一）社会维度

第一个维度是人与社会，包括游客在旅行中的人际关系。如旅行的同伴是自己很珍视的人（可以是亲人、恋人、好朋友），那么在整个旅游过程中的人际环境就会让人感到身心上的安全和放松。反之，如果参加跟团旅行，团里有一位成员经常状况不断，要么是迟到，要么是单独行动事后还要大家等他，要么是这位团员经常跟别的游客发生口角摩擦，那么在这次旅途中，整个旅行团的成员都不会有太好的心情，更加不会有太深的旅游感悟。而万一带队的导游是比较善于影响群体氛围的，可能还会出现绑架消费、行程安排过于紧凑或者过于平淡等情况，那么旅行的乐趣也会大打折扣，所以说人与社会这一维度，对于旅行而言很重要，

说白了就是合适的旅行同伴是好的旅行的基础。

（二）自然维度

第二个维度是人与自然。人与自然这一维度探讨的是景点的可欣赏度以及人对景点的体验方式。举例而言，黄河壶口瀑布这个景点，其可欣赏度是公认较高的，那么如果两个旅行团同游这个美景。其中一队的导游是流程式的，很机械化地要求游客们下车、远观拍照、跑近欣赏再拍照，五分钟后集合撤退；而另外一队的导游就不一样，组织游客悠闲地、放松地、自由地欣赏和感受，可以闭着眼睛听瀑布声，也可以坐着冥想，用心感受滔滔黄河的壮观，倾听它的诉说，不禁让人联想起名家乐作《黄河大合唱》，这样一番走心的体验之后再集合进行团队内分享。那么这两个旅行团，同样是游览壶口瀑布这个风景，但是两队游客的心理体验必定是千差万别，所得到的洗礼和感悟也是不同的，相信走心体验的旅行团，他们的内心得到的感受和共鸣更多。所以，自然环境是其中的一个因素，但是游客对待自然景点的方式和过程是一个更重要的因素。

人与自然的互动，如果不走心，去旅行像是走流水线程序：下车、远看拍照、近看拍照、上车，那么再壮观绮丽的壶口瀑布也很难让人有深层次的感触，所以有的人去了跟没去过一样。而有的人用心感悟了，他可能会写出好的作品，会治愈内心的创伤，会了却某个执念，甚至内心会达到一个新的发展层次。景都是好景，关键在于人怎么去对待和解读，焦急的、气喘吁吁的状态下是没法拥有一个完整的、好的旅游体验的。所以，在人与自然的这个维度上，我们的旅游应该有哪些方面是需要注意和改进的呢？

最重要的就是人应该去更好地感受自然，使心灵体验再上一个台阶，这是形式上的仪式感与内心中的虔诚感。注重仪式是因为内心虔诚，仪式到位了会增进人的虔诚感，这也是个体身心相互促进的一种平衡状态。具体来说，从古到今，人在做某一件重要的事情之前，都会有沐浴更衣这个生理仪式上的行为，洁净自身以迎接重大事件的来临，这其实也是对自己的一种尊重。比如在拜访重要人物或者参加一趟令人期待的旅行之前，人们往往沐浴更衣以示尊重。还能达到内心的肃静，这时候就会产生一种特殊的体验，这种体验是这个个体独有的仪式感。

（三）生理维度

1. 生理状态对情绪的反作用

在越过山丘去寻找最终的风景的过程中，你的机体消耗了多少卡路里？整个身体机能还保留百分之多少的状态？而最后“会当凌绝顶，一览众山小”的时候，你内心的体验水平是否会因为机体状态的不同有所区别呢？如果消耗的程度不够，可能最终见到风景之时的冲击和体验就不会那么透彻；而如果身体疲劳过度，可能都不会有太多的精力和心情去欣赏美景。换句话说，身体的消耗度，会影响自己在看到风景之后的情绪唤醒水平。

简单举个例子，吃饭的时间点什么时候才是最好的？不饿的时候吃得不香，饿过头了会感觉食欲不佳，最佳的点就在于刚饿的时候，吃什么都香。同样的道理，如果现代的旅行社能根据不同个体行走的路程大概消耗的卡路里的数值，来设计其到达目的地正好看见风景的时间，使每个个体都处于最佳赏景的机体状态，这样便能让游客得到最佳的旅游体验，这一刻，身体、心理和风景三位一体匹配上了，这才叫科学旅游。这里面有一个比较难以把握的点在于，游客的年龄、性别、体能状况可能千差万别，老年游客普遍反应迟缓一些，徒步的速度也会比不上中青年，而年轻人则拥有消耗不完的劲儿，如果在到达的时候能让所有人都处于刚刚好的状态，这便是在科学旅游之上的另一种境界了，我们称之为人性化的量身定制的旅游。这个可以是一个探索的方向，如果未来旅行社组团出游的过程中能注重到这一方面，加上高科技的手环测算游客的机体状态，这样的旅游状态也许是可期的。

2. 生理状态与旅行的匹配度

第三个维度是人与身体（生理）。以一个通俗的例子作为引导，人的一天中的三餐，会涉及的问题包括：吃不吃？什么时候吃？荤素食材怎么搭配？吃什么菜系？甜品要哪些？……所有的一日三餐都能以不同的形式进行搭配，在这之中，对三餐的最低标准是吃了不影响肠胃正常工作，而最低的标准对味道、菜系、荤素、食材就都没有了要求，口语化来表达就是：只要不吃坏肚子，能吃饱就行。如果将上述的最低标准迁移到旅游上面来，这个不影响肠胃工作的最低标准不应该是旅游饮食的标准，旅游是一个享受的过程，标准需要定得高一些，旅途中的饮食要精致、营养，食物供应到人的肠胃，肠胃的运作状况会影响人的情绪，肠胃也被称为人的“情绪脑”。

肠胃对人的情绪的影响作用在具身认知里已经论证过：头部是“理智的我”，颈部以下髋部以上是“情绪的我”，而髋部及以下是“本能的我”。这三个“我”中，“情绪的我”本身就是情绪脑。以宗教教徒修行为例，印度的佛教教徒过午不食，教徒不允许自己在禅宗修行之时因为要消化食物而过多地消耗精力，这样也会让他在修行中带着情绪。所以用一天中一半的时间把胃清空，这样胃的消化会减慢，教徒也不会出现过多的情绪而影响禅修。再比如，饮食偏辣的人，经常会易怒，脾气火爆，比如川蜀湘地的人；而如果饮食偏甜，就会比较温婉，比如沪浙之地的人；而如果饮食特别清淡，则情绪稳定，悠闲淡然，如两广地区的当地人。所以胃是人的一个情绪脑，如果旅游中不照顾好胃这个情绪脑，人在旅游中的心情也会受到影响。

可能那些在机场这种安静的公共场所高声嚷叫的人，那些经常陷入语言冲突之中的人，很有可能之前吃过辛辣的或者不合口味的食物，影响了肠胃的运作，进而影响了人的情绪。所以佛教将辛辣食物列在戒律之内，戒饮酒、忌辛辣、戒荤腥，宜粗茶淡饭。所以说温和的食物能让人性情温和、内心平静。佛家禅修的本质是在自己的精神世界里旅行，是坐着寻找自己精神世界的世外桃源，而如果佛家弟子饮食辛辣，在坐定禅修的过程中，他情绪的自我会被胃部的不适带出来，内心也无法保持平淡，想要在禅修和领悟佛法上有什么提升就更加不可能了；而如果他饮食清淡，全身舒畅，那么就可以正常地进行心灵之旅，就可以找到他的世外桃源。再回到现实生活的旅游上来，游客最好不要出现肠胃不适的情况，不然会影响其在旅途中的心情。

（四）自我维度

第四维度就是人与自我（心理）。这个维度本质上是在探讨人与自己的关系，如何对待自己？在旅游的当下，游客是否能放下外界的评判和束缚，用心感受自己当下的心理体验？在旅游中，我们经常会看到游客们拿着相机或者手机对着景点的一切一通乱照，而这种记录的行为走心了吗？多半没有。真正地享受到旅游的乐趣，需要游客们把自己心里的相机的快门按下，先用心体验、用心记录下此刻醉人的美景。假如说每位游客的眼睛都真正地睁开了，那他们的眼睛就是他们心灵的相机，这样一来，每位游客的心灵之窗就都打开了，也就用不着挂在身上的相机了。而此刻他们的体验都会对其内心产生影响，可能有的思想正在心里萌芽，有的作品正在心里发酵，这样打开自我之后，他们与自己的内心就可以真正地对话了。这就是王阳明先生提出的“致良知”，其中蕴含了格物致知的精神，即我就是风景，风景就是我，相由心生，一切由我造，万物皆我心，我心即宇宙，这才是最高境界的旅游体验。

以佛家讲经论道为例，释迦牟尼给弟子讲经之时，其十大弟子之一的阿难问过：“老师，什么是明眼人？什么是盲人？”事实上，阿难提出的这个问题很艰深，佛祖释迦牟尼（现代人理解的佛祖不是宗教的，而是觉悟者）回答道："一个眼睛能看见的人和一个失明的人同时被关进漆黑一片的暗室里，眼睛能看见的人拼命睁大眼睛，非要看见周围的景象，才会有安全感地往前走；而双目失明的盲人心灵通透，装着一个明亮的世界，慢慢地摸着墙壁走出了暗室。所以，不论是正常人，还是双目失明的人，必须要内心打开才能充分感受这个世界，心灵打开方为眼开。"

以课堂中的学生听课状态为例，有的学生看似睁大眼睛，同时朝老师拼命点头，但并不见得他真的理解了，他可能是不懂装懂，像是南郭先生在滥竽充数；而有的学生可能看似眯着眼，虽然眼睛闭上但可能心灵打开了，所以他能理解老师传授的知识点，老师与他之间的沟通是成功的。所以不能只看表面，旅行中要让游客们打开眼睛、打开自我，用心体会当下的自我感受，这是一个需要练习和领悟的过程。

生态心理学是心旅伴的一个重要的背景理论。我们可以先讨论一下其他心理学的由来，比如社会心理学是社会学和心理学融合演变而成的；管理心理学是由工业心理学演变而来的；心理学是哲学和生理学结合的"后代"；积极心理学受到了人文主义的影响；而促成心理旅游（旅游心理学）诞生的参与者比较繁杂。简单举例而言，武林中厉害的高手和少侠，比如郭靖、张无忌那样的天之骄子，他们的师门通常不止一个，都是在游历锻炼中吸收众家之所长，融会贯通再做创新，才终成大器。比如郭靖先后从江南七怪、洪七公、黄药师、中神通以及老顽童等众多高手身上学习过武艺，最后形成了自己的风格，并且将自己的武艺琢磨得精湛透彻。

三、旅游的文化心理解读

2009年出版的《谁在掌控你的人生》一书，主题是破解心灵的四大魔咒：第一魔咒，理性可以主宰一切；第二魔咒，谁是我；第三魔咒，生命中的贵人；第四魔咒，家族的梦。这四大魔咒囊括了大多数人一生当中所遇的几大问题。2010年，笔者正式在那一年的旅游中提出“心旅伴”这个概念，那次的系列旅游的主题就是上述这四大主题。

那次的系列旅游，一共去了四个目的地。第一站拉萨；第二站日喀则的扎什伦布寺，这里拥有宗教信仰的大背景，也是班禅的驻藏地；第三站林芝，被称为西藏的“雪域江南”；第四站纳木错湖，是西藏的三大圣湖之一，也是著名的佛教圣地之一。旅行中每天都有一个主题活动，这次的西藏系列旅行成就了我们系统性的心灵成长之旅，整个过程中陆续有人在深度感悟中被触动，并且往疗愈的方面发展。

（一）纳木错湖畔的眼泪

举一个印象深刻的例子，比如到了纳木错湖边后，笔者提议大家做一件很有意义的事，即共同为自己生活中的男性代表人物（只要是男性的人物都可以，可以是爷爷、外公、父亲、弟弟、儿子、舅舅、叔叔、丈夫，这些人物都可以）亲自搭建一个玛尼堆。大家都积极参与了，所有人都去捡石头，最后搭建起一个大的玛尼堆。大家一边堆一边在心中为各自生命中的男性人物做虔诚的祈祷和祝福，若是有遗憾、悔恨的事，或者没有表达的祝福和爱，都可以当场表达出来。

做这个心理分享的原因在于，中国的文化背景下，两性中的男性总是表达较少的那位，大多数人心理成长的过程中与家庭中男性的关系相对于与家中女性的关系而言不那么好。比如很多人存在夫妻关系问题，这种关系本质上就是从与父亲的关系演化而来的，所以我们就得在这里运用一个文化心理技术，借助文化的力量来让大家打开自己并且深度挖掘自己。而纳木错这个圣湖，往往代表着母性的包容和爱，因阴异阳，可以调节人们与阳性的关系；玛尼堆则是藏族人寄托追求、理想、感情和希望的信仰形式，也属于一种石文化，带有虔诚的神圣感。

在大家堆造玛尼堆的过程中，当时已经有几位同伴哭了起来。圣湖的神圣气息加上玛尼堆的仪式感，这个场景对同伴们冲击很大。当下我们手拉手着，全体起立逐个分享自己的故事和感情，将内心压抑的情绪做了宣泄，当场有人痛哭流涕、泣不成声，但最后经过分享、总结，大家情绪稳定下来后，内心的自我力量都会变强，相信家庭关系也会处理得更好。

（二）跨语言的信仰共通

值得一提的是，我们在圣湖边集体堆玛尼堆，然后做走心的、真实的分享，这感动了藏族的原住民，他们为了表示欢迎和感谢，免费请我们体验抱羊照相、骑牦牛。有个藏族的小姑娘，她能感受到我们这群人跟别的游客不一样，她是有精神信仰的藏族佛教徒，被我们这一群和他们一样走向内心的人感动了。

其实我们之所以能打动她的内心，是因为我们传达出来的是一种万物有灵的自然信仰，而玛尼堆是小姑娘他们藏族的图腾，她一看到我们入乡随俗的行为，觉得很亲切，这样通过文化行为而建立起来的心灵亲切感，让我们的行为像她家人的行为一样。而普通的游客则嚷着到处跑，骑牦牛，到处拍照，有时候还激动得大喊大叫，对于原住民而言这或许是一种亵渎或打扰。但是我们这一群人却安静地跪在圣湖边堆玛尼堆，做冥想，做分享，不断地深挖自己，这是一种文化的朝拜与自我的洗礼，与众不同，更加能得到藏族同胞心理上的共鸣。这就是文化力量的强大之处。

不管是对自然的信仰、对宗教的信仰，还是对文化的信仰，只要这种信仰是虔诚的，那么便可以跨越语言、跨越民族、跨越年龄和性别、跨越陌生人之间的芥蒂，使心灵与心灵之间产生共鸣，达到共享共通的文化认同状态。

（三）文化动力催人成长

旅游过程本质上也属于文化之间的互动过程，如果说生态心理学是心旅伴的父亲，那么文化心理学就是心旅伴的母亲。为何如此定义？因为一切的心理疗愈和成长，都应该顺应着某种文化心理和文化规律，人们借助文化的动力去推动自身心灵产生深刻的体验，进而成长和强大。

以上述到纳木错湖旅游时集体共堆玛尼堆为例，玛尼堆是藏族的文化符号，这个文化符号当时在那次主题活动中被笔者赋予了父性的形象，而代表父性形象的玛尼堆旁是带着巨大文化力量和母性光辉的圣湖，当时的自然环境又是那样一片离天很近的高原，缺氧的自然状态让所有成员的生理状态也与平时不同，所有这种全方位的刺激促成了那次的心灵成长，在场参与者的内心都得到了洗礼，每个人都有很深的领悟。

（四）“泡澡”式的文化之旅

继续沿着文化来说，笔者当时在云南大学丽江旅游研究所，在场的有土著贵族子弟、投资方、当地政府的旅游开发及管理人员，一同与笔者探讨丽江这座城市的旅游开发模式，并对笔者抛出了橄榄枝，想要一起打造好丽江的旅游业。

笔者最终给出的建议是，不论是丽江还是其他的旅游景点，只要是有文化底蕴和背景的旅游景点，如果只是建立一个走马观花式的景点套餐，那么就很可惜。景点中要有文化的内涵在，可以是历史、辞赋、民间特色艺术的展示等，各种形式的特色文化要鼓励、要展示、要发扬光大，要让游客感受到这个景点的内涵、故事和历史。倘若游客来观光，只和形式上的风景互动，却没有和这些风景背后的文化互动，这是一个巨大的损失，是游客、当地居民以及当地文化三方的损失和遗憾。世界之大，琐事之多，有人终其一生可能只到这个景点来一回，如果他能在这一生仅有的一回中和当下的文化邂逅和互动，这样既丰满了游客，也推广了这座城，长此以往便能将这种文化继承、发展。所以在打造一座古城、设计一条旅游线路和开发一款旅游纪念品的时候，要做到赋予它们文化内涵，能让来旅游的人与其所看之景、所走之路以及所把玩之物件产生文化互动，这才是成功的、人性化的、私人定制级别的旅游匠心之作。

拿丽江这座文化之城来说，丽江的民众大部分属于纳西族人，纳西族人的信仰是东巴教，东巴教里面又承载着东巴文化，所以东巴文化是中国纳西族独特的民族文化，它包含东巴画、东巴舞、东巴服饰、东巴文字等。东巴文化是一种宗教文化，它与西藏古象雄佛法雍仲本教文化是同一或同源文化。雍仲本教曾在一定历史时期对东巴教产生过深远影响，而东巴文化又是东巴人世代传承下来的纳西族古文化，所以说东巴文化是一个丰富多彩的文化体系。东巴文化认为万物有灵，丽江古城里所有带有文化标识的艺术表现形式都是向旅人诉说它们承载的文化内涵。

假设你不只是在丽江看一场纳西音乐演出，你还会自己有一个音乐探寻之旅，你听遍丽江所有的现场音乐，那么你会不会就对东巴音乐有一个更全面、更深入的把握呢？说不定还能因此创作出含有东巴味道的作品。如果艺术家们（音乐家、画家、舞蹈家等专业人士）都在丽江这座充满东巴文化氛围的城池中，尽情地去追寻属于自己的艺术之旅，那么这就成了一种与当地文化之间自主的互动。

一般的游客要如何与自然背后的文化进行互动？人要游览的不仅仅是物质世界的一个景点，不止于看亭台楼阁，不浮于赏姹紫嫣红，不拘泥于画舞文字的表面，还要进入文化氛围内部，去挖掘这些事物背后的历史故事。举个形象的例子，游客的心灵需要与文化互动，就好比游客需要给心灵洗澡，只是走马观花的旅游，就像游客在进澡堂子的时候，只给他发条毛巾擦一擦就结束回家了一样，而真正舒服的洗澡是弄一潭温泉，游客们进去好好泡一泡。这里的温泉中的水就是文化氛围，游客浸泡在当地的文化里就像泡在温泉里。在文化之池里有人能泡上一个小时、半天、三五天，更有甚者越泡心灵越通透、灵感越丰富，或者越来越爱上这种文化氛围，越来越喜欢这座城的生活节奏和缤纷多彩。就像丽江，有人在它的文化氛围里“浸泡”得久了，就在丽江住下了，这其中有的人住七天半个月，还有人住半年就扎根在这了，或者有人直接在丽江开店做起了营生，从此与当地的文化融为一体。

这个“泡澡”的过程，其实就是人与当地文化交流的过程。形象点说，一部分游客走个过场，进澡堂子看了一眼没洗就出去了；一部分游客领了一条毛巾擦擦身子，兴趣索然地早早退场；再有一部分人擦完还觉得不得劲，直接温泉泡澡泡上了，让自己惬意放松地享受在其中；更有甚者，在澡堂旁边买个房子，住下了天天来泡澡，或者干脆自己开一家澡堂子。举例将游客划分出了这几个层次，没有孰好孰坏和孰高孰低，后面的两类游客，想主动地浸泡在当地的文化里，主动地盘院子租房子待在自己所游历的这个地方进行学习和创作，进而发展自己，挺好，但其他几类游客也并没有错处。

如果从旅游开发的角度，把游客对当地文化的体验这个元素加进去，让普通人都能泡个文化的澡，实在不想泡的发条毛巾，然后游客就可以分为走马观花式和深层体验式。好比学校的学生，能根据其测验的成绩和平时的表现分为数学达人、语文文人，文科理科还有尖子生，等等，那么根据游客对文化的感悟程度，我们也可以把他们分类。

四、心旅伴与体验式团体教育模式

在我们旅游的过程中，风景会刺激游客的感官，使他产生独特的心理体验。如果把这种体验应用到亲子教育上，那么，旅游赏景的过程其实是对孩子感觉、感受力、想象力的培育。

（一）心旅伴是体验式团体教育模式的高层

如果从理论和模式的角度来谈，心旅伴的旅游过程，就是体验式团体教育模式的一种高级层次。何为体验式团体教育的模式？该模式要求在个体的发展过程中，将个体置于多方面的刺激因素的空间里，让其沉浸在这些美好的、有力量的影响因素中，并从体验中学习和进步，而这种体验场景和学习环境的设置是符合该个体的心理学习规律的。

而心旅伴是体验式团体教育模式的一个高层次的展现。何出此言呢？因为以前我们只是通过心理学、教育学制造一些心理教育技术或者教育心理技术让学员们学习；但是现在在心旅伴，我们直接把这种学习过程放在原生态的环境中，这样一来就比之前创立的这些心理教育技术或者教育心理技术更有直观的体验感。在心旅伴中，大自然的生态氛围和地域特色的文化熏陶，这其中蕴含的力量和美，以及给予游客内心的那种冲击感，的确比人为创造的那些技术作用要大得多。

（二）人籁、地籁和天籁

庄子“天人合一”的思想，也阐明了人与自然互动和共鸣才是自我发展最好的途径。而儒家思想主张可以用一些人为的技术去影响人。在笔者看来，让人发生改变，不如人们与自然进行互动。

《庄子》中的“齐物论”提出了人籁、地籁、天籁的说法。笔者理解的“人籁之声”，比如说人们吹奏乐器，这是人类活动制造出来的声音；“地籁之声”是所有自然界的声音，比如说风吹麦浪的声音、鸟鸣蛙叫的声音，这些声音是完全自然的、古朴的、不加修饰的；而“天籁之声”，其实是人心灵的声音，也是出于大自然中的人心，人们无法听到天籁之声，但它就在人们的心灵深处。

通过人籁去达到天籁不如通过地籁达到天籁，通过地籁达到天籁不如人本身心就和自然统一起来。如果能体会到其中的蕴意，那么将有利于成年人的自我成长和家庭中的亲子教育。通过技术，通过动力，通过最终回归自然，来达到心灵的成长和强大，这是体验式的三个层面。

五、心旅伴的“金科玉律”

（一）风景在旅途中，成长在过程中，改变在不知不觉中

旅途中的外部环境对内心的刺激，使游客心理产生了变化。但是可能会有人发出类似以下的疑问，我们以去河北旅游为例，有的游客第一次去河北旅游，他在没有到达某个景点之前，坐车靠窗往外好奇张望的过程中，已经把河北绵延百里的大山看习惯了，那么可能等到达目标景点的时候，他内心震撼的感觉就没有那么强烈了。那如果旅游可以让我们突然出现在景点面前，那么我们内心产生的震撼感是不是就强烈多了？

那么针对这个疑问，我们可以借用心旅伴的三句“金科玉律”来作为答案：风景在旅途中，成长在过程中，改变在不知不觉中。

风景在旅途中是指，你所有的经过都是风景。例如，让游客蒙着眼睛戴上耳机，然后将之带到景点，就会突然给到他视觉和听觉的刺激。这样做是为了让游客换一下心情、放空，而且游客被隔绝视觉和听觉直到到达景点的过程是一种创造期待的过程。不采用这种事先隔绝视觉和听觉，等到达景点后突然打开视觉和听觉通道的这种体验模式，采用常规的旅游模式的话，游客去景点的途中，人已经在感官上充分感受了环境，只要游客当下有体验，那就可以直接表达或者直接在当下进行充分的感受，也就没必要非等到目的地才去体验和感受了。有些人的仪式感太强，他们很少享受人生的过程，常常挂在嘴边的一句话就是“等我有钱了再去休息和享受”。但是，什么才叫“有钱”呢？真相可能是

永远都达不到有钱的地步，其结果是，终其一生，很多人都没有真正让自己尽情享受过。还有些人会想等他们把事忙完了再去享受，那等他们忙完了，可能那个时间点，他们已经没有体力和精力去享受任何的旅游或者娱乐活动，指不定还躺在病床上插着呼吸机。所有的人，终将有一死，所以觉得合适的时候，可以及时行乐，让自己在旅途中也好，生命过程中也罢，让自己尽情感受此时此地的美好体验。

所以风景在旅途中，成长在过程中，那么在你欣赏旅途中美好风景的过程中，在你深度体验的过程中，你的心灵得到了成长，所有的改变和成长都是在过程中完成的。而改变在不知不觉中，指的是成长的过程是没有既定目的的，不是说游客到某个地方就确定要得到哪些进步和成长。

以笔者开办的网校为例，网校招生的过程中，很多报名的新生等主讲老师正式开坛讲课，日日翘首以盼，但是殊不知，网校各大教室已经存在了不少讲过的录好的课程，会自主学习的学员已经在听课了，而那些非要等到正式开课才去学习的学员，早就被同一时间报名却第一时间开始学习的学员甩在身后了。早学习早成长，后开始学习的学员，可能等到六月正式开讲的时候，网校的教室都不知道怎么进，而那些积极主动的同期学员，有的甚至都当上了助教或者班干部，已经成为带班的学员了。所以说，成长需要主动学习，而且这种学习是随时随地都能主动去寻找的，不要非得到哪个时间点才去行动，我们行走的过程中也会有很多值得学习和体验的事件或者风景。

旅游也是一样的道理。途中一路上都在欣赏和体验的游客，到景点的时候，已经心花怒放了，也已经对当地的风景特色、风土人情有了一定的了解，在景点阅读相应历史背景、文化说明和倾听导游解说的时候也更游刃有余。但是如果游客在车上拉着窗帘蒙头大睡，到目的地后才首次体验到当地的美景，感官刺激可能很充足，但是在体验的厚度和深度上或许就会略逊于前者。

（二）西藏的“大篷车之旅”

成长在过程中，笔者亲历太多，颇有感触。其中以拉萨到林芝的 8 小时“大篷车之旅”印象最为深刻。那次，我们一路上做了一系列比较完整的“生命线”探索活动，每个参与者都进行了深度开放与心情分享，在倾诉中得到宣泄，进而成长和强大。最后，大家为了纪念这次车上的拓展活动，称之为“大篷车之旅”。

1. 即兴的“泡温泉”体验

当时的具体情况是：从拉萨河经过米兰山口到尼洋河这一段路程中，我们开始了专属的“大篷车之旅”，车速保持在限速以内的最高速度，到了边检后停驻一小段时间，大家下车“放风”，也活动活动筋骨。有次下车后，笔者发现原住民的房子附近的温泉中，有几个骑自行车的旅友在泡澡。此情此景，笔者也不管不顾，抓住当下跃跃欲试的心情也加入泡澡的行列，沉浸在泡天然温泉的美妙体验中，不去顾虑时间的问题，车上的心旅伴成员也在此期间自行组织了一些小的主题活动。泡完澡出来只需要给当地的老阿妈支付几块钱即可，而享受到的，是天然的、最好的青藏高原的温泉。

如果一心惦记着必须到林芝那个目的地之后我才能开始真正旅游，那么这次的天然温泉就可能无暇去泡了。因为如果老是惦记着目的地，那就失去了在到达之前的旅途中享受当下的那种心情。而且在路上临时起意、由心而发的、计划外的体验，往往让自己印象深刻、铭记良久。这种过程中的即兴的体验往往不是设计好的，而是不期而遇的，类似于缘分般的邂逅，相当于人类择偶的过程中的那一份眼缘和心电感应，强扭是不能成的，得互相有感觉。那么即兴体验便是游客在旅途过程中，因当地文化、风俗、美景等触动了内心，产生了要去探究的冲动。

2. 母亲的故事

回到“大篷车之旅”活动的车内实操上来。心旅伴导师给全团的游客每人发了一张纸，要求每位团员给自己的母亲画一幅肖像画，完成之后各团员分享自己在作画过程中的想法和对母亲的感情或者遗憾，接着讲述关于自己母亲的故事，回忆母亲抚育自己时的辛苦。最后将主题升华，把颠簸漫长的“大篷车之旅”比作我们荆棘坎坷的人生路，游客所坐的这辆大篷车好比是其人生的列车。此刻团内成员们集体在这辆车上做一件庄重的事，即谈论我们的母亲，笔者以积极心理学的角度引导，要求大家描述自己母亲身上的优秀品质、人格魅力和对自己的谆谆教诲。到最后，连当地作为向导的导游和开车的司机都被我们的氛围感染和带动了。

这一趟“大篷车之旅”，实际上是利用普通旅游过程中打瞌睡无聊发呆的时间，做的一个即兴体验和深度分享。下车即兴体验，上车深度分享，借助这次到达目的地之前的主题活动，给我们心旅伴的游客成员更多成长蜕变的契机。

六、心旅伴是一种特色旅游

人都有这样的倾向，即渴望自由而不喜被束缚，渴望被照顾而不愿被忽略。普通的大旅游团显然无法提供给游客这样的定制服务，但是心旅伴可以。心旅伴 VIP 的私人定制级别旅游团，就需要把握好自由与束缚、照顾与忽略这两对矛盾中的度。说白了，也就是心旅伴的服务与游客自己想要的那种自由之间的平衡。而那种追求自由的、旅游能力较强的游客，他如果去加入一般的旅游团，那就意味着被束缚。所以，心旅伴这样的一种特色旅游，能提供给游客一些不同于普通旅行社的成长服务。

（一）在合适的旅行团里随心而游

心旅伴的特色服务之一，就在于它能让游客们在合适的旅行团里随心而游。如笔者这般不按常理出牌的旅游者，如果没有日程压力的话，是从来不会提前买返程票的。因为返程票就像一个“deadline”，会对旅游中内心的自由产生制约，买了返程票就总记得要回去，而如果不提前设置返程时间的话，便可以随心所欲、潇洒肆意地游玩和体验。

如果想要一次尽兴的团体旅游，那么这样的旅游团是一定要给游客足够的自由，而且又能给游客足够的照顾的。人是矛盾的，有些注重内心感受的游客，在旅行的过程中，既渴望有人帮他们做好全面的食宿路线安排，可是他们又想要最大程度的自由和安静，这当中就有一个度。

（二）如何服务好追求艺术造诣的游客

追求艺术造诣的艺术家们，性格和起居习惯中都会有异于普通人的地方。也许其中有些人会选择独自旅行，但对于特别陌生、语言不通、生态环境有高原反应、极冷、危险四伏的热带原始森林等特殊地区，或者是文化底蕴特别丰富需要讲解的地区，抑或者就是艺术家们需要心理成长时，他们还是有必要选择一个有经验、有实力的旅行团的，心旅伴团队就是符合这种要求的旅游团队，心旅伴的团队除了有负责团员心理疏导和心灵成长的导师，小型化私人定制级别的心旅伴还能为游客定制团队服务，探险家、随队医生、文化讲解员、营养师等，一条龙服务全部配齐，当然，其中起主导作用的还是心理成长导师。

比如云南的丽江之旅，若主题设定为音乐之旅，则当地的歌舞以及各种吹拉弹唱的民间音乐形式，都会给游人以艺术的滋养，还会在欣赏音乐间隙的合适时机再穿插心理调适的主题活动。

艺术体验与心灵成长结合的旅游是完美的旅游。因为艺术家们最需要通过解放心灵、放空自我来激发和捕捉灵感，他们的心灵是纯粹而自由的。如果心旅伴的定制级服务能让他们体验到充分的后勤保障和足够自由的灵感激发，那么，艺术家们将可以从中得到很有感觉的创作环境，甚至在心灵成长的活动中产生更多的灵感。

心理导游能在心理层面让游客充分体验当地文化、艺术等一系列意识形态的东西，也会以主题活动辅助游客成长。而普通的旅行团没有精力做到如此周全的服务，其设置上也难以达成要求。首先，普通的旅行团没有心理导游，以普通旅游团中的最低级别“地狱级”的形式为例，一位导游服务于 30 名游客，精力有限，很可能会顾及得不全面。而心旅伴的私人定制可能会是 30 位工作人员，分工合作、提前踩点、前期策划、后勤保障等都做好攻略与安排，只为一位或者三五位游客提供刚刚好的满意服务。

以 2010 年的西藏行为例，笔者团队事先去当地各个旅游景点确认了路线、食宿，以及哪段时间在哪个景点大致要做一些什么样的主题体验活动，整个过程基本都模拟一遍，最后合计敲定之后再带团入藏。

第三章

心旅伴中心理成长的最大化

本章我们着重探讨旅游中游客心理成长最大化的话题。那么问题来了，心旅伴的旅途中，有什么因素会影响游客的心理成长？游客是怎样成长的？如何实现游客心理成长的最大化？

一、旅游的心理资本建设

若要将心理学应用到旅游中的这种模式阐述清楚的话，我们便不得不提一个关键概念，即旅游的心理资本。

（一）心理资本的定义

心理资本是管理学的概念。在管理学看来，人有了心理资本，就能创造更大的价值。比如，乐观使个体以积极的态度面对各种困境；自信使个体以正面的评价去完成自己的工作；坚韧会使个体朝着自己设定的目标勇往直前；耐性使个体遇到困难之后依然坚持；勇气使个体拥有承担责任并且爆发和创新的精神。所有的这些心理资本都可以使我们获得幸福。

（二）按心理资本水平划分旅游级别

根据游客的心理资本水平，以心旅伴的视角进行探索，可将各种旅游进行细化和分级。

1.“地狱级”旅游

第一个级别也是最基础级别的旅游，我们戏称之为“地狱级”旅游，这种旅游中的游客常常拥有走马观花似的固定模式：上车睡觉，下车如厕，景点拍照。回去后有人问他们旅游的心情怎么样，他们回答不知道！

这个级别为什么被称为“地狱级”呢？因为游客的人格没有被导游和旅行社充分地尊重，所以其尊严在地狱，这类游客是用最少的经济支出去景点凑热闹的，基本上是哪个景点出名就去哪儿，哪个城市大就去哪儿，哪样的旅行时髦就来哪样的旅行，身体和心灵都在路过各种亭台楼阁，过了之后便毫无印象和感想。

“地狱级”旅游的游客钟爱心理资本水平低的普通线：长途跋涉到景点，下车五分钟睁睁眼拍拍照，之后上车回程睡半天，然后再到下一景点。这样一路颠簸，周而复始。如果导游安排他们提前在景点住一晚，第二天慢慢听曲儿看画讲故事，这帮游客肯定不干，保不齐还要大骂导游矫情，只有这样节奏紧张且交流不多的普通旅游才适合他们。

2.“人间级”旅游

第二级别是“人间”级别的旅游，为何称之为“人间级”？因为这一级别的旅游中，游客和导游之间在心理上的人格关系是平等的，在旅游成团之前，游客便已经通过原价购买了相应等级的服务，不存在游客占便宜之说。这时候的导游不再引导游客花大量的时间在购物上，这个级别中的游客也不会有人格被导游藐视或侮辱的待遇，也不会有因为不消费而被导游破口大骂的情况发生，还能得到导游的尊重。

它与第一个级别的区别就在于：第一级别的旅游中，游客景点逗留的时间很少，但花费在路上的时间很长，而且买东西的时间也长，一天七个小时可能至少有两个小时，导游会带游客购物，路上来回四个小时，再除去排队、买票的时间，游客花在景点观赏上的时间不足一个小时；而在第二个级别的旅游中，导游的服务态度是温和且不急躁的，也没有那么多的套路和那么强烈的引导游客消费的欲望。

3. VIP 贵宾游

游客的心理资本水平再高一个水平，对应的旅游层次也再升一个级别，到了第三个级别的旅游，便有点类似于 VIP 贵宾的享受。旅游的线路可以根据团内成员的建议做一些改动；饭菜口味、搭配和食材可以根据出资的多少和团内成员的偏好做一些微调；旅行社也会安排温和善良、专业负责的导游带队；或者旅行社派专门的车和司机去接送，全程彬彬有礼而且服务到每个人；等等。这样全面的微调服务，就有点 VIP 贵宾服务的感觉了，总之是针对这个团队的一些特殊要求而特别安排的服务，已经达到享受旅游的层次了。这个级别就相当于现有的一般旅行社所能做到的 VIP 贵宾级别的旅游。

4. 心旅伴的初级游

上述第三级别的旅游，还没达到心旅伴的级别，从第四级别才有我们心旅伴的一丝感觉。因为在第四级别中，才考虑在旅游过程中加入旅游心理技术和生态心理技术，让游客与文化互动，提升游客的旅游心理享受和体验水平，所以说这第四个水平是我们心旅伴的初级水平。

但心旅伴并不是几位心理导游带着游客到地方搂着一棵树所有人哭一场，这是误解。这里面掺杂着很多的团辅技术，操作起来要顾及团队中所有游客的开放程度和成长进度，没有表面上看上去那么容易和浅显。但这也只心旅伴中一般级别的旅游。

5. 心旅伴私人订制游

心旅伴初级旅游再往上就是心旅伴私人定制级别的旅游，也是旅游的第五个级别。在这一层级中，所有的旅游线路，都不按照原来既定的旅行社路线走，也就是说，不一定硬是要去访遍所有必去的经典景点，这与第一层级的旅游不一样，时间都不需要遵循原来规定的时间，可以做到随时停车、随时做活动、随时分享内心体验。

以游呼伦贝尔为例，呼伦贝尔有一个闻名于世的根河湿地，这个湿地中放置着一块“亚洲第一湿地”的牌子。我们这第五层级的旅游是一种高水平的、向内求索的心理旅游，所以团员们不一定硬是要站在这块牌子前面合照，更何况还要顶着烈日排队暴晒一个小时才能轮到合照。故此，我们这个心旅伴私人定制级别的旅行团，在观赏湿地最好的地势开展主题活动，而且是在团员们都认可的情况下进行活动。这样便能看出来这个级别的游客，其旅游的心理资本水平是明显高于前面一、二、三这三个级别的。而如果游客的心理资本水平在一、二、三级水平的话，在这个环节中他会抗拒主题活动，给出的理由一般都会是：我需要跟“亚洲第一湿地”这块牌子合照来发朋友圈，否则就好像我没来过一样。如果带着这种心态出来旅游，不论去哪里旅游，即便跟再多的著名招牌合照，那都跟没去过差不多，因为他们不走心、不在意自己的内心体验，生活在朋友圈的评价中，不是自己过得快乐不快乐，而是活在外人的恭维和赞美中，这样类型的游客适合选择和他们自己匹配的旅游级别，不适合参加心旅伴私人定制级别的旅游，因为他们会不适应这些活动，会更向往外界美景的刺激而忽视对文化的感知和内心的求索。

6. 小型化私人定制游

第六级别：心旅伴小型化私人定制级旅游，也是最高级别的旅游。三五个呼朋引伴，七八人对酒当歌，这是一种身体和心灵同在路上的心灵之旅，我们暂且称之为高端 VIP。在这个级别的旅游中，如果在西藏的话，便索性融入当地的牧人家庭生活，聆听喇嘛讲解当地的文化和历史，跟当地的牧民一起挤奶放牧，去看当地文化传承人的艺术表演，吃穿用度已经脱离了商业性宾馆的流水线服务。

但是值得一提的是，这个小型化的私人定制旅行，其后勤保障和外围服务需要的精力物力会更多，从路线攻略的量身定制、与当地居民协调，到主题活动的深度开展与随时调整，还要兼顾旅行中每个成员的医疗保健服务和饮食口味，这都需要做大量的前期功课与策划。前面第一层级别的旅行团，是一个导游带几十个游客打“游击战”，最后这第六个级别的旅游团，可能就是十几二十个心旅伴和旅行社的工作者组成的后勤人员，来对团里的三五个人进行全方位的服务。再以教育资源的配置举例，一所学校是一位普通老师教五六十个学生，可能会兼顾不到每一位学生的具体学习进度，因为精力不允许；而另外一所学校却是五个精英老师针对十个学生因材施教，做全面的教学计划，随时调整辅导强度并尽量做相应的拓展练习，还有保育员和心理老师在身心两方面给予保障，所以第二个学校内学生的学习能力和水平自然相对较高。

综上所述，这六个级别的旅游形式，其中第一、二、三这三个级别属于传统旅游，而第四、五、六级别属于心旅伴的旅游。前三个级别的旅游中，第二级别中的游客基本上人格不会被侮辱，不用看司机和导游的脸色，也不会有被套路的感觉，对于大众而言已经是比较正常的旅游体验了；第三级别的旅游中，游客多掏了钱，能享受 VIP 贵宾级别的服务，这一级别的旅游对于大众而言，其心理体验就更好了。

传统的旅游级别中，游客回家之后的内心体验和评价也各有不同，一部分游客的感想是“破财消灾”，也就是花了钱免于被侮辱了；一部分游客会抱怨出门之前没看皇历，感觉出门犯太岁，旅游的时候总是跟别人有冲突；一部分人旅游后感觉有点失望，对旅游的美好幻想破灭了；当然也肯定有一部分游客会觉得旅游购物实在是尽兴；或者还有一部分游客感觉很棒，山清水秀、花美人甜，觉得这次的旅游景点很值得去；甚至还有游客在旅游中感受到自己其实可以下次报更好的旅游团，和更少的人一起去进行深度旅行。这都是一些比较常见的游后感想，这也是与游客本身的旅游心理资本水平有密切关系的。

所以说，游客的心理资本水平各有不同，如果不将旅游分级的话，那么游客的旅游能力和旅游团队的服务就不匹配了，游客的体验也会打折扣。当然，我们呼吁要逐渐消除第一个级别，即“地狱”级别的旅游形式，这便是相关部门应该狠抓的工作了。

（三）游客与导游之间的冲突

将心理资本迁移到旅游上来，我们探讨一下游客在旅游中的旅游心理资本。那么，不同的游客，其心理资本的水平也会或高或低有所不同。若是旅游时所持的心态是随遇而安或入乡随俗，那么游客从一个环境到另一个环境会适应得很快；但如果某个人在一个地方生活得不错，而一换环境就会水土不服，那么这个人的身体、心理和社会交往这几个方面的适应能力均需提高。心理健康的十条标准中就包括“能动地适应社会环境”，如果以前接触的都是熟悉亲切的家人邻居，但凑巧今天遇到一个特地来找碴的不好伺候的人，个体如果不能随机应变地处理好当下跟这位找碴的人的关系，那么很有可能爆发冲突。

1. 不等价交换现象

我们经常能在各大媒体的社会新闻头条上见到这样的内容：旅客 0 元或低价拼团旅行，却在旅行中被导游骂到狗血淋头。为什么在旅行团中时常会发生导游和游客之间的冲突呢？这个冲突问题源于什么呢？

答案是，源于旅游市场的不等价交换现象。游客想要以更低的经济投入来换取高质量的旅游服务，而旅游服务人员则想要通过低价的报名费诱导游客先参与进旅游，之后以促进游客消费等额外消费的形式提升收入，但是当游客不产生额外消费行为时，旅游服务的提供方的收入便得不到保障，于是服务质量下降，引起游客的心理体验落差，导致游客与导游或者旅行社之间产生冲突。

一般来说，0 元团费和低价拼团旅游的现象滋生，是旅行社以低价团费招募旅客成团旅行，为了在旅途中将成本挣回，旅游公司和导游会在游客游玩的景点或者餐馆极力推荐产品并促成购买行为，以拿回扣和提成的方式拉回成本的一种旅游方式。在香港的旅游界，将上面说的这种旅游现象称为“卖猪仔”。我们可以细算一下，假如香港游的线路成本价是 3000，但现在旅行社为了增加旅客量，将成团报名价定为 2000，结果每一位游客报名，旅行社就亏损 1000 元。但是旅行社会把这里每人 1000 元的亏损直接放在导游身上，俗话说羊毛出在羊身上，导游在整个带团的过程中，就会以各种明示暗示的鼓吹和推销来刺激游客进行消费，导游不光要赚回亏损的 1000 块，还要反过来再赚钱。所以就会出现报道里写的：某旅行社带团导游极力劝游客消费，游客拒不消费，结果游客和导游就大肆争吵，场面一度难堪，双方在对抗中对对方人格的侮辱之意溢于言表，典型的“不让我好过，我也不会让你们好过”。

说回游客的心理资本，游客遇到了这一类低价拼团或者 0 元旅游的活动的时候，报名去参加了这个团，这个行为本身就很恶劣了。面对导游催促消费的明示和暗示，适应当时环境的游客只好勾着头装睡觉，忍受着导游的谩骂和侮辱，既来之则安之，这是游客自己选择的低价游导致的结果，只能游客自己承受。那么，这也反映出了，低价报团的游客们的旅游心理资本水平低，因为这些游客想要花低价买高端的服务，但是服务方得不到想要的经济利益，所以降低精神服务的水平，以发泄未能达到正常预期收入的不满，自然这些游客也就得不到高端的服务了。

游客们去旅游本身是为了散心，是花钱买快乐，结果低价拼团游中发生了冲突，让自己更加烦心。所以说，有的游客想要快乐却又不想花钱，说明其享受精神需求的认识水平不够，一分付出一分收获，钱没有花到那个水平上，就不要妄想能享受 VIP 级别的旅游服务。进一步概括起来讲，所有既不想为自己的快乐旅游买单，又想贪便宜去获得这种快乐体验的人，都是旅游心理资本水平低的人，这些人连足够的经济意识和市场常识都没有，更没有达到享受精神需要的水平。

我们对于想获得精神享受就要去付出物质代价这个认知要到位，所以凡是真正有能力、有资格享受旅游精神福利的人，都是不会贪别人便宜的人。至少达到相应的旅游心理资本水平的人，他会掂量自己会不会因为付款不足而影响旅途的服务体验，他会问自己：去香港 2000 元收费正常吗？一日游只花费 250 元能行吗？可能他得出的结论是 250 元都不够付油费，那么在旅途中自然享受不到高端的精神服务了。那些拼团低价游或者 0 元游的旅客，不用说高端的精神服务，他们连最基本的、低端的导游服务都得不到保障，而且整个旅途都在被侮辱，简直是群众版的“人在囧途”。

这些经历过“人在囧途”旅游状态折磨的旅客，在打道回府之后，可能对与旅游相关的消费支出都变得更谨慎了。他们可能会对于自己一直在默默忍受导游的讽刺和侮辱感到事后委屈；可能旅途中的不愉快事件和心理落差让他们直接排斥旅游；也可能他们自以为看到了世间人情冷暖，对社会持负面的态度；甚至还有人会因为抗住了导游狂轰滥炸式的推销而感到扬扬得意……其实这些想法都会导致这些游客的心理资本水平下降，进而其幸福水平也下降了。可能这些游客觉得自己跟导游斗智斗勇斗赢了，但实际上他们在心理上输了，他们的奸诈水平提高了，但善良水平下降了，而这些失去的善良品质，花再多的钱也买不回来，而且，这些游客在旅途中被伤害和磨灭的自尊人格怎么补救和重塑？难道省下了钱就是最好的选择吗？金钱和人格比起来，到底哪个重要呢？这些问题值得我们去思考。

2. 社会的旅游文化之殇

现如今，“0 团费”“卖猪仔”这一类旅游现象，已经在无形中影响旅行团的社会形象了，同时也对社会造成了一些负面的影响。大家一提到组团旅游，游客就害怕导游的套路，导游也害怕游客的不合作，双方都心累，最后的副作用是：社会文化被伤害了。此话怎讲？贪便宜的游客们还没组成旅游团，成交的时候就已经欠旅游组织机构的钱了，本来这些游客旅游前待在家里时还挺纯良，遇到拼团旅行一出去魔鬼式玩了一趟，回来之后整个人的道德水平都压低了，变得更斤斤计较了。而且，旅行社的这种营销策略自然也有不合适的地方，需要从各方面进行改进。因为旅行社的降价也降服务的行为，影响了游客的旅游体验和道德行为，作为文化机构和服务机构，旅行社的行为是不可取的，也对社会有着负面的影响。国家和政府的相关经济与文化和旅游部门，要对这种影响不良的商业或文化行为进行管制和规范，表面上这种负面的影响是看不出来的，只有文化学者、社会学者才看得到其中重大的社会危害。

比如某个旅行社几年共接待了十万人次的游客，假设这些游客中有一半的人回到家后，都认为自己凭着旅途中一路与导游的斗智斗勇，成功地捂紧了钱袋子，心里还有着扬扬得意的自我满足感。接着，可能他们会有社会很险恶的认知观念，在教育孩子的过程中就会灌输这种观点："孩子，你以后万一碰到这类的旅行社或者导游，记得要采用这样那样的方式来对待他们。"无论孩子接不接受这种观念的灌输，他对这个社会的看法也会变得阴暗和狭隘，同时也会养成凡事斤斤计较的性格，甚至还可能学会给别人设置套路。长此以往，凡是参加过低价拼团旅行的游客，回去后一家人都受到影响，进而人人自危，人人都防微杜渐，社会风气和国民安全感也会下降。所以说，旅行社作为文化机构，应该着力提升社会公民的文化素养和精神福利水平，旅游本来是起到推动公民幸福的作用的，结果反而将公民的幸福感和素质都影响得下降了。

（四）提升心理资本的水平

心旅伴是旅游各方面人员（包括旅行社、导游和游客等与旅游有关的各方面人员）的心理资本提升之后，再加上一些心理学的知识与技术来促进游客旅游体验深度的一种特色旅游。要实现高质量的心旅伴，则需要旅游中的各参与方都具备较高水平的旅游心理资本。

而围绕心理资本的提升，还有大量的工作要做。需要提升心理资本的对象，这里可以分成两类人，一类是旅游工作人员，包括旅游饭店的经理、老板，以及所有旅行社的经理、导游等工作人员；另一类就是游客们，只要是大众中参与旅游的，皆可称之为游客。

1. 旅游行业承载的社会责任

随着当下国民经济水平的提高与消费结构的享乐化，人民精神享受的要求也在逐步提高，甚至有一部分游客是奔着“重新做人”“自我救赎”等偏于疗愈化的目的而去旅游的。不论游客抱着何种初衷，旅游这种休闲方式已逐渐在社会上形成了系统化的产业链，开发商、旅行社、导游等行业和职业也日渐兴盛。

在这当中，旅游行业这个庞然大物已经初具形态和规模，其产生的经济、文化、心理效应也越发举足轻重，仅以社会影响和社会责任这一方面来看，旅游行业要做的改进还有很多。

（1）做好本职工作的重要意义

以笔者熟知的心理咨询行业为例来谈，可能来访者前来咨询之前抱着很高的期望，但是来咨询中心进行咨询之后，可能咨询师没有找对方法，或者最初的几次咨询中破冰没做到位，导致信任感没建立好，结果来访者回去之后，可能根本就不相信自己能通过心理咨询的途径得到心理缓解和疗愈。从这个角度看来，心理咨询的工作如果没做好，就相当于截断了一条来访者发展的路径，道德上也要承受极大的苛责。

所以，名气越大的心理咨询机构，其咨询员越要专业和精通，越要对来访者负起责任，不然如果没有帮助来访者进行良性发展，那么来访者可能会丧失信心，其内心最认可的、最出名的心理咨询机构都拿他的心理问题没有办法，可能他会认为自己没有痊愈的希望了，严重的情况，来访者回家后可能会有轻生的念头。这便是心理咨询行业所肩负的社会责任和产生的社会影响，咨询员们做好本职工作，其产生的积极意义是极为深远的。

（2）自我救赎的流行方式：旅游

以笔者团队开办过的心理导游实地培训班为例，培训班上有一位学员在表达参加此次培训的原因的过程中，讲述了他朋友的故事，其间他几度哽咽，心情激动到不能自已。这是真实地发生在他身边的关于旅游的悲剧，他的一位好友的丈夫得了抑郁症，这位得抑郁症的丈夫也尝试了很多方式试图去解决自己的问题，但收效甚微。后来他想要旅游，也相信旅游能够给他带来好的转机，在去旅游之前，他暗下决心，如果这次旅游能调整好他的心情，让他很开心并得到放松的话，回来之后他就认认真真地活着，如果调整不好他就去死。这个决定是后来在他的遗书里看到的。那次，他花几千元报名参加了一个团体旅游，旅游结束之后回去就自杀了。讲述者替那位自杀者感到不值，也替他的好朋友感到悲伤，而他一定要参加这次的心理导游实地培训班，也是为了向逝去者致以哀思，也借此多学习心理学在旅行中的应用知识，以期在今后的工作中能帮助到像他朋友的丈夫那样将旅游当作心灵救赎的人。

这个真实的故事触动了当场所有的参与者，包括培训师和督导。人们才意识到，原来真的有人会把旅游当成他生命中拯救心灵、给予其灵魂最后一丝希望的那根救命稻草。当下旅游行业的心理资本水平偏低，部分人可能没到想自我了结的程度，旅游完之后却真有轻生的冲动了；还有一部分人将拯救家庭关系、挽回婚恋关系的最后希望寄托在一次充满期待的旅行上。现实生活中就有相当多的人，实在无法解决自己的婚姻难题，最后就下定决心去旅游，是希望能冷静地换一种心情，但可能没想到旅游本身的项目让游客体验很差，结局有可能是回家后直接就离婚了。还有很多诸如此类的现实案例，不胜枚举。所以，旅游成了人们去检视自己生活状态的契机，有点曲线救国的意味在其中，更有甚者，旅游似乎成了一部分人进行自我救赎的一种自愈方式。

我们无意夸大心理学在旅游中能起到的作用，可是旅游现如今真的是成了很多人自救的稻草。游客普遍偏低的心理资本，我们没法多加指责，毕竟这是社会普遍存在的现象，但是我们可以从较小的方面改进，或者说可以从源头做出调整，从导游、旅游公司的工作人员、旅行社、旅游局以及相关的行政部门和旅游服务机构的工作人员等这些旅游的发起方面，做一些心理建设和职业道德的呼吁。这一部分人如果旅游心理资本水平偏低的话，就代表着他们已经有一部分道德开始沦丧了，开始变得麻木不仁和价值观扭曲。以导游为例；比如导游认为能骗到的游客就是傻就是活该被骗；比如导游们扎堆讨论的是哪个导游“业绩”突出；比如导游们会和商贩或者休闲项目老板合起来坑游客刺激其消费；等等。这样一来，导游在带队的过程中很难享受到快乐，因为这类型的导游把自己放在了游客的对立面，与游客是斗智斗勇、剑拔弩张的关系，这种自我定位只会让自己的心理越来越不健康，情绪越来越不稳定，到最后导游可能会将整个旅行团的氛围影响得很紧张、很脆弱。

在这种氛围紧张的旅游团体中，游客们本来出钱来旅游就是为了图个开心，没必要跟导游在琐事和细节上过于计较，为了减少冲突，有时候只能小心翼翼地迁就着导游的坏脾气，哄着导游开心，忍一忍就过去了。以笔者所带的一个旅行团的情况为例，去年心旅伴做的其中一个团，是我们与某电视台合作完成的。当对方指派给我们的那位导游离开我们团的时候，本该是拥抱话别并表示感谢的场景，但我们这边包括大人小孩没有一个人跟她说再见，因为大家实在是对她没有好感，她带团的整个过程中都在嚷嚷着“我现在就想把你们这个团扔了，不带你们了，老娘有的是旅行团可以带，不在乎你们这一个”。碰上这样心理资本水平的导游，也只能说是这个旅行团运气不够好了。但这事实能反映整个社会大概的精神文化消费水平。

2. 游客旅游能力与导游服务的匹配问题

正确的旅游认知应当是：我们需要通过花时间、精力和金钱去换取旅游中专业化的导游服务，而不是靠投机取巧的方式以低价购买高端消费，这违背了市场经济中等价交换的原则。

如果说游客的旅游心理资本水平不够高，抑或对自己将要参与的旅游的认知水平不够，以及其享受旅游这种精神福利的心理能力还不够，那么他将比较难以和高端的导游服务匹配上。具体来讲，好的导游服务带有文化、精神上的深度与探索，不仅仅停留在购物拍照的层次上，如果游客自身的同理心或文化感知能力有限，那么便难以理解导游讲解文化景点的文化和历史，并且可能邀请成员做分享的那份良苦用心。比如说导游安排一些成长相关的活动但游客反而觉得无聊，这就说明该游客心理认知水平不足。较高的审美能力能促使游客选择去神圣的、美丽的景点，如果审美不够，那么只能去与自己欣赏水平相当的景点。比如说一位来自景点当地的好导游，他爱自己的家乡和他的信仰，会给游客用心讲述本地的文化和历史，但耐心和认知不足的游客可能还会嘲笑这位尽职尽责的导游啰嗦。

特别是去有宗教信仰或文化信仰的地区旅游，比如西藏这个带有浓厚佛教色彩的旅游大省，有些导游是藏传佛教的信徒，而有的游客可能做出亵渎当地佛教文化的行为，这就说明这些游客的心理资本水平不够高，也说明他们欠缺的旅游能力与导游们优良的旅游服务不匹配。旅行社中也会有不设套路的良心旅行社，但接待的游客已经习惯了“三步一小套，五步一大套”的套路式旅游模式，结果这家的良心导游给游客耐心讲解和分享，游客却处处提防；反而是如果导游按游客之前遇到的套路出牌的话，游客会欣然接受。这些良心旅行社不主动引导也不强制游客购物，纯玩纯分享三天而不带游客去扫货，反而有的游客还会不理解，甚至发飙大骂旅行社和导游不带他们去买当地特产。这样的旅行社走的是高端的经营路线，带客游玩可能只是单纯地想要传播当地文化，或者做主题活动以助人内心成长，结果游客不在这种心灵体验的层次上，那么就不适合参加这种“不套路”的团，反而更适合参加带客扫货买买买的旅行团。俗话说，见惯了太多的套路，再也不相信纯良，可能说的就是这些被“坑”惨了的游客们，而上述的这种游客“自虐”式的不正常现象，也是游客旅游能力与导游服务匹配不上的表现。

3. 优化旅游服务人员的服务能力

在短时间内一蹴而就地让游客的整体心理资本水平提升上来很有难度，所以，我们先不急于去提高游客的旅游心理资本，因为这个部分是与社会和文化的整体素质相关的。心旅伴先是在第四、五、六级别的旅游中为对应的游客服务，也算是旅游中的高端服务。那么，目前我们率先需要推动的是旅游的健康发展，推动旅游工作人员的心理资本提高，推动旅游区的环境建设，推动大规模的心理旅游的发展，多进行理论的研究与技术的探讨，改善心旅伴的大环境大背景，推动心旅伴慢慢基层化和日常化。这样一来，渐渐地，心旅伴的游客就会多起来。

（1）心理资本水平培训的提出

以 2012 年的北戴河之行为例。笔者与北戴河地区的旅游部门负责人就如何提升该区的旅游工作人员的服务能力进行商讨，制定了全北戴河旅游风景区的旅游工作人员的旅游心理资本培训项目，计划要对该区所有旅游饭店的经理、老板以及所有旅行社的经理、导游进行系统的心理资本培训。这个项目之后交接给秦皇岛市心理咨询师协会去实施，但后续没有开展下来。但是如果当初这个咨询师协会坚持做下去，也有很多值得研究和开发的地方，比如说这个培训的课程设置，可以包括游客心理分析、游客心理危机干预、旅游过程中的心理沟通、旅游心理文化的讲解，等等。

（2）行政干预与市场运作

除了开启上述的培训项目以外，还能借助政府部门的行政干预，对心理导游的职业资格做一个认定规范。以丽江这座旅游城市为例，如果丽江市政府的旅游部门做一个硬性规定，让所有在丽江开旅店的老板都要拿到这个心理导游的职业资格证书；或者给拿到证书的老板的旅店添加心理导游的标识，没有拿到证书的老板的旅店，就是普通的旅店，这样就能起到一个很好的引导作用。

行政干预如果比较难以实现的话，我们可以换一个民间途径进行市场化操作。专业的心理学机构对景点的旅馆、酒吧负责人进行培训和指导，指导当地驴友行业的工作人员在他们自己的产业（旅馆、宾馆、饭店、文化场所、旅游景点等）地点开展心旅伴的主题活动。这一系列的活动，有点不同于以往单单唱歌跳舞讲故事的环节，可以将当地的图腾、景点历史、文化艺术等与之进行有机的结合，创造出一系列的心理技术，恰当应用到每一次的主题活动中去。心旅伴与之前的传统娱乐活动并不相排斥，心旅伴的活动加入当地的文化展示当中，既能让景点得到深层次的展示，也能让游客在赏景之外得到更大的心灵成长。或者，当地民众还可以将这些方面与自己的产品结合，最后生产出不一样的旅游纪念品等实物。这一系列的改进都是以提高旅游服务工作人员的心理资本水平和服务能力为基础进行的。这样一来，这种程度的文化开发项目就与以往不同了。

（3）用“献血”模式提升心理资本水平

笔者学习的风格是“献血”模式，或者说是以“献血”模式主，那么什么是笔者口中常常提到的“献血”模式呢？

①何为“献血”模式？

心灵成长之旅发展到一定的阶段便蜕变成了我们本会团体后面正式提出来的心旅伴，这是关于深度旅游的概念，后续会展开来讨论。

而心旅伴的产生其实是与笔者常用的“献血”模式的学习思考方式有关的。人们在进行过很多次旅游之后会发现，过去经历的每次旅游都可能处于不同的人生阶段，身边的朋友不一样，身处的客观环境也不尽相同，看到的景点给感官和心灵带来的冲击也是不一样的，于是在每一次旅行的过程中产生的心情也大相径庭，时间一久，沉淀下来的收获和感触也会慢慢变多。而掌握这种“献血”模式般的学习方式，能够使大家将来更好地在旅行中使周遭的友人亲人都能乐在其中，在旅行中享受，甚至我们可以将我们的这种“献血”模式版的学习和旅行的方式应用到生活工作中，传递给需要的人，解决我们遇到的一些问题，从而让自己的人生走得更加顺畅。

什么是“献血”模式的学习呢？以本书的内容挖掘为例，本书前十章阐述心理学在旅游中的概念、原理和实操技术；本书的后面十章，核心在于案例的展示与分析，通过回顾这些具体的案例，可以把大家带到那些旅游的当下，之后再对这些案例进行解读，又是一次对内容的挖掘和深度的剖析。做这两遍解析，有点类似于荞麦里也要榨出油的那一股劲，笔者的这种学习风格就是“献血”模式。

② 如何培养“献血”模式？

联系到现实中真正的献血过程，献血的过程是慢慢抽血，而不是一股脑全部把血献出来，它是一个循序渐进的过程，而且控制在某个量的范围内。那么同样的，在交流的过程中，在讲授知识的过程中，讲述的人总会有新的思考和想法产生，这便是从现实的献血活动迁移到了学习上的“献血”模式。讲授知识的人就是要做到倾囊相授，在教授的过程中，要进行进一步的解构和剖析，抓住脑海中碰撞出来的灵感，抽丝剥茧、捋清思路形成新的观点。

“献血”模式对于“献血”的人的要求，类似于自己本身要有“弱水三千”，这样才能取出“一瓢精华”给予别人饮用的感觉，而饮水的人在饮用之后，还得产生出不同以往的东西，这样他便也能加入“献血”的行列。现实生活中所有参与献血行列的人，献血后机体的供血量和需血量进入短暂失衡的状态，此时机体的造血细胞被激活，造血细胞一工作，造血功能增强，进而补给到全身的肌肉骨骼，直至达到机体内新的血液供给平衡。这一过程迁移到我们的学习过程中，老师教授知识的过程便类似于“献血”行动，每次课堂之前的知识准备和自我充电的过程就类似于机体的造血细胞在造出新的血液，而每次在备课和充电的过程中造出来的新思想都可以作为下次“献血”的准备，如此循环往复，“献血”的人和接受“新鲜血液”的人都能得到提升，知识也会越来越丰富。

所以说“献血”模式的过程像底蕴深厚的老先生慢慢地教导出自己的得意门生，“献血”就是教，以教为形，以学为启。以教为形，其表现的形式还是教，然而真正的内涵是学生在学。而且这其中学的方法也有一定的讲究，这个学要求学生要让所有“血管”里的血液全部流通起来，像是武侠小说中打通任督二脉这种筑基一样的操作。迁移到学习和旅游中来，“献血”之前，可能有的人感受过的地方仅限于内心的一隅之地，“献血”之后，内心的思想脉络打通后，可能会得到新的观点。所以说，没有探索过的心灵空间都要去体验和探索一次，没有去过的想要去的景点都可以去游历一番。

再将“献血”模式迁移到旅游上来。旅游是个体通过游历更多的物理环境，进而开发其内心的不同区域，即借助体验外部环境的过程来开发自己内心的疆域。举例而言，如果一个人从未参观过桃花园，他在三月桃花盛开的季节去桃花园游玩，那么当他在桃花的海洋里春心荡漾时，这种春心荡漾的情绪体验会帮助他发现自己内心的桃花源。与其说是这位从未参观过桃花园的人双脚走进了现实世界中的桃花园，不如说他是走进了自己内心的桃花源。

但如果他不具备“献血”的能力，本身是难以产生新的想法和创造性的作品的人，那么即使身在花海，他也不会有心神荡漾的感悟，更不会发现自己内心的那片桃花源，这样也就没法实现旅游的核心目标。这个目标是体验到内心的心流感受。

③“献血者”的自我更新

真正到位的“献血”是把自己的知识抽干，然后再在此基础上创造出新的内容和理论。然而通常在笔者“献完血”之后，有声音表示担忧，因为倾囊相授，知识全部流传出去了，之后的路怎么走？你没有压轴的知识当作“底牌”了。当时，笔者也焦虑地思考过这个问题，最终想通了，其实只要保持探索和学习的状态，“教会徒弟，饿死师父”这种悲剧是不会上演的，虽然学生们都进步很快，都在各个行业争当精英，但是笔者本人也还在孜孜不倦地探索中，生有涯而学海无涯。

一直秉承着“献血”模式的工作风格，时间累积下来会发现，笔者“献血”越彻底，之后推翻重建起来的理论也好、灵感也罢，都是越来越高质量的。感触最深的便是多年未见的老朋友。这次接触沟通，对方会惊叹于笔者的进步，士别三日当刮目相看。这其中起作用的就是学习，是不断“献血”之后推倒重建、不断在内心体验中捕捉灵感的那些累积。

4. 科普景点文化，提升大众旅游素养

（1）旅游宣传广告的宣传效益

关于旅游景点的公益宣传广告，国家和地方旅游局应该花精

力并投入经济在中央各大媒体频道、网络平台，以及抖音和微信朋友圈等大流量的社交平台，大力推广这些又美又有底蕴和故事的景点。

这些公益广告需要以丰富形象的景点介绍为载体，以达到充分宣传的效果，那么这些媒体和社交的庞大受众群体便可以看到各个旅游地点的真诚展示，这样也更方便于游客做出选择。比如说，止于对江南水乡的想象层面的游客，在看了相关的旅游宣传片之后，会有一个具象的了解，就会更加促动其出发去一睹江南小桥流水、烟花絮飞的美丽小镇，这事实上也是直接推动旅游业发展的很好的办法。

（2）精神文化导向的旅游宣传

我们常见的道德教育的公益广告，其中有一个经典的画面，相信所有人都记得：几岁大的儿子看到妈妈给奶奶洗脚，然后自己也费了吃奶的劲摇摇晃晃地端了一盆水要给妈妈洗脚，那盆水比较多，还有一些水花溅到孩子的脸上了，妈妈看到了既欣慰又感动，观众看到了也喉头哽咽。观众的心都被触动了，进而会反省自己对家人是不是平时不够体贴，今后也会更加孝敬家里的长辈，这样一来，教育民众的效果就达到了。

中央电视频道经常会播放各个省市美丽山水的宣传片，比如“中山故里广东欢迎您”，或者说“荔枝之乡等你来”，或者是“岭南好风光”之类的。这些都是以山水和特产为导向的宣传内容，那我们是不是可以把这些介绍的内容做些精神文化方面的引导呢？比如说：“听，这是南华寺的钟声……”这就改变了一个感觉通道的刺激，改变了一个场景，将当地最有特色的文化和精神体现出来，让游客一看到、一听到就有冲动想要去一睹为快。内容一变，味道就不一样了，那么这个宣传片就不再是特产和风景的视角，而是心理和文化的视角了。这样一来的话，广告中对广东的宣传可以加入六组会盟的内容，还有对传宗第一人的提及，因为传宗是中国佛教文化的主要体现，是游客们寻找精神家园的一条很好的通道。

这样的融入文化和精神的地方特色介绍，可能那个记忆点会让人印象深刻，也能在第一时间吸引到同频的游客，进而促进全国的文化繁荣和交流。

（3）心旅伴专家讲学式指导

就心理旅游技术的应用程度而言，孔孟之乡的开发也还远远不够。笔者之前到孟府孟庙讲授并录制《向孟子学经济心理学》这门网络课程，次年又带广东大学心理技术研究试验班的成员到孔孟之乡游学，再拜孔子。之后与孟府研究院的教授开研讨会，他们对笔者提出的旅游心理技术、文化心理技术以及心旅伴旅游线路很感兴趣，当时他们听完的反应是拍案叫绝。而且当地旅行社经理和老板也对笔者创办的韦志中心理学网校有所了解，身边也有家人在网校进行心理学知识的学习。

除了在社交平台和各大电视台投放旅游宣传片之外，以文化、公益、政府和民间组织的通力合作，全面提升旅游工作人员和游客的心理资本的地面活动有没有必要开展呢？也很有必要。

旅游大会每年都可以邀请心理旅游的专家去做报告；旅游新

项目的开发，也需要精通旅游的心理学家去做报告。如果将笔者团队这些年来做心旅伴的经典案例都解析一遍，那么作为报告听众的这些旅行社的工作人员和广大游客们，听完后一定会有新的启发。其实游客和导游的需求很明显是不同的，通俗而言，游客是花钱买开心，导游是付出服务让游客开心从而挣到钱。游客以足够的经济支出来换取导游相应的旅途中的文化、精神和引导服务，让自己在旅途中过得开心舒适。游客给的钱与导游的旅游服务相匹配，这就是最舒适、最公平的旅游。

（4）景点开发与服务对人才的需求

旅游心理技术与旅游文化产品的开发，这些工作其实在不同的景区，都有人坚持在做，而且都在各自发展出路。比如说北京的龙泉寺，聘请了五六位博士及以上学历的专业人员，成立了计算机的开发小组，将龙泉寺打造成了拥有系统的一条龙智能化服务的特色旅游景点，但我们地面上的旅行社暂时还达不到这样的水平。那么，我们是不是也可以集结心理学方面的高学历人才，组团对一些景点做设置和改造呢？完全可以的，我相信这样的设想终有一天会实现。所以说，高学历人才通过专业技术的研发，能打造出景点的一些特色服务和文化优势，这是值得推崇的。

除了理论研究型的人才，还有一些经验丰富技术出众的人才。这也是不论是旅游业还是心理学行业，都需要吸引和团结的真正的人才。换句话说，就是一定要有真正的、有真才实干的人才，要么技术过硬要么理论深厚的这些人，进入心理学领域，进入心理旅游的领域，进入社会心理服务的行业中来，而不是学完了心理学之后去做与社会心理服务毫不相干的工作去了。而且，这个旅游心理学领域，一定会需要一群这样的有心理学知识和技术且热爱旅游的人来做出应有的探究，贡献出一份力量。

（五）心旅伴未来展望

笔者和笔者团队有一个设想，希望将心旅伴这种旅游方式在全国地区做大范围的推广和应用，相信有关部门、各大旅行社以及广大的游客会逐渐感受到心旅伴的魔力和效应。让大众的旅游能力切切实实地提高起来，也是心旅伴项目努力的终极目标。

如果以团体心理辅导或拓展为主要活动，召集学员和心理学的爱好者们参与心理成长的旅游团，主题可以是婚姻、亲子、自我成长、情绪管理、职业规划等，是可以一呼百应，一年带几十个这样的旅行团的。但是如果能吸引那些参加传统旅游的大众游客也能加入心旅伴，这个便是心旅伴的一种突破和推广了。

推广到一定的程度，全国范围内的旅行社都有心旅伴的旅行团，大众都可以报名参加心旅伴。举例而言，以爱情为主题的心旅伴旅游团，从全国 30 多个省份招募参与者，由心旅伴旅行社里专业的爱情心理学导师兼导游承接此项目，成团后可以去夏威夷或西双版纳开始神秘爱情之旅。如果每天都有不同的人报名，每天都可以让大众享受心旅伴级别的旅游服务，这将是一个很有意义的项目。

为什么这个顺应趋势且有潜力的项目还没做起来？可能原因

在于大家还没看到其实质的效应，可能还是把心旅伴当成游学、培训或者纯粹专业的心理成长。不对，心旅伴是旅游中的心理旅游，能让旅游行业多方受益，也能让游客们旅游心理体验实现最大化。具体来说，心旅伴就是一种将心理理论支持和技术方法（包括文化心理学、生态心理学、心理学的各种团辅活动和技术等等），适宜地应用在旅游过程中，以使旅游的效益最大化的旅游方式。它不是心理治疗，不是医生和病人一起去旅游，也不是一个带着某种会议目标的旅游。

二、从团体心理咨询的视角看心旅伴

心旅伴的心理旅游团体是一个“四不像”的存在，其主要以旅游为主，同时又是一个团体，还像是一场游学。旅游是心旅伴的外在目的；游学是心旅伴的表现形式；团体是心旅伴发展的载体；而心旅伴最终的目标是促进成员的心理成长。本章中，我们一起来谈谈旅游团体的心理咨询。

心理学在旅游中的研究和应用即产生了心理伴的模式。上述的几章均是从大的层面进行论述的，本章从小的层面来进行探讨，研究一下心旅伴中的旅游团体心理辅导。

在旅游中一定要做心理技术，那么其性质如何？首先，旅游的根本目标是获取心灵的滋养，释放身心灵的压力，缓解一部分焦虑、疲劳等负面的情绪。这便像是图库更新的过程，删掉镜头模糊的、没有美感的照片，放入一些色彩高级的、有纪念意义的、高清的照片。旅游也是如此，摒弃不好的情绪和思想，形成新的积极的、有力量的观念。心旅伴便是在优化和改善传统旅游模式的基础上形成的。

上述提到心旅伴的目的在于对游客的心灵进行滋养。滋养过程的具象化可以表述为：心灵能量向外和向内双向运输的过程，向外运输即将人们身体和心灵积压的疲劳感、紧张感进行释放，好比将紧绷的弦一根根放松；向内运输，即是将新的观念、力量安放进游客的内心。这样在心旅伴的每次主题活动中，大家都能得到释放和补充，在整趟旅游结束的时候，大家的变化将会更大。

心理导游在心旅伴的过程中，对旅游团体进行团体心理辅导方面的带领与操作，这是什么性质的呢？这个过程不是治疗，也不是危机干预，也不是训练，其实际上是一种心理上的滋养，而心旅伴的团体也可以被看作心理养生类的团体。

将心旅伴的旅游团体咨询与传统的团体心理咨询进行比较，则可以发现旅游团体心理咨询与传统团体心理咨询的区别之处就在于：传统的团体中的成员在咨询和体验的过程中，需要有丰富的想象力与带入氛围的能力，才能让自己进入相应的心理体验中，而旅游团体咨询中的成员，则是依靠大自然的环境影响进入心理体验和成长。

（一）按照结构分类的团体

团体有一个结构的分类，一共分为三种：结构式、半结构式和非结构式。

其中结构式的团体是一种大型的教育团体，是处在表面性质的团体。第二种叫作半结构式的团体，也被称为结合式团体。这种结合式的团体属于中团体，它既有结构，又有灵活变动的情况，所以半结构这种团体往往是工作方式的，包括现在笔者所带领的心旅伴的旅游团体，采用的就是这种成长性的工作方式。这种半结构的团体和传统咨询团体不同。我们一般称成长性的团体为工作坊，而工作坊一般都是在一个室内空间里对人开展心灵成长的工作，但是心旅伴的工作坊却主要是开放的大自然，而且随时可以从大自然挪到车上或者房间里，所以说，心旅伴又是不同于以往成长性团体的一种半结构模式。

第三种非结构式的团体属于小团体和治疗小组形式。治疗性小组只有一个维度的变化，即自我与社会关系维度的变化，这是非结构的，非结构比结构性的团体更难把握，不能信马由缰任团体自由发展，也不能将各种规章制度用来约束小组成员。结构式的小组只需要带组的人把握好小组的流程和规则即可；而非结构式的小组，组长或者治疗师需要以成员的疗愈和成长为目的，中间发生了什么特殊情况，也不是治疗师能够决定的，小组的成员可能都会有变化，而且往往都是人心和关系的变化，过程中没有太多形式上和心理上的规则，那么可能会出现一些特殊状况，可能产生一些意想不到的情绪体验和行为表现，这些基本上都不太会出现在结构式团体中。所以非结构式是最复杂的一种团体模式。

（二）关于心旅伴的“场”

什么是场？关于场的释义中，其中一种为：处所，许多人聚集或活动的地方，比如场地、场所。还有一种解释为：物质存在的一种特殊形式，可以组词为电场、磁场。心旅伴包含哪几种场呢？笔者将心旅伴的场分为：物理场、文化场、心理场。

1. 室内与室外活动的有机结合

室内团体咨询的过程中，成员们所处的物理空间是密闭型的，具有保护的作用，让人容易产生安全感。这种安全感使成员们更快地投入团体，也更快地达到自我开放，但这种室内的安全感一般都是小安全感，室内开放也一般都是小开放，而非大开放。这样可能妨碍成员联结自然，因为钢筋混凝土会在一定程度上阻隔成员们对大自然的体验。

心旅伴活动设计的开始阶段会涉及两到三次的室内团体活动，给团体成员一个适应的过程，通过室内活动建立起基本的安全感，之后便可以转战到自然的空间。十多次的主题活动之后，可能在户外活动的过程中，无论周遭有多少数量和类型的陌生游客，都不会打扰到团体成员的用心体验。比如成员们在草原或者河边讲课和做活动，当时放牧人从远处策马而来，成员们依旧认真投入团体活动中，即使有相熟的当地人打招呼，过后也不影响大家继续参与活动，也打乱不了成员们的全情投入。并不是说牧羊人的到来没有对心旅伴的成员产生一点影响，而是他们进入了一个能让自己放松和深度体验的场，多次练习之后，成员们便驾轻就熟地收放自如，也不会太多地分神去关注外界其他因素的介入。

按照上述的设定，在户外主题活动之前进行两三次室内团体活动，心理导游会通过冥想、放松等技术带领成员们去体验他们心里的风景，去感受内心桃源的美好，所以等到成员们去大自然中寻找内心桃花源世界的时候，已经体验到了美景的甜头，即便受到了打扰或者影响，他们还是会不由自主地回到内心圣地去进行体验。而那些从未进行过心理探索的普通游客，也没有参与过室内团体活动关于冥想和放松的引导，更没有看到过内心的美景，如果直接在外界比较嘈杂的环境中去进行深度体验，便很可能投入不进去，所以这些普通的游客们会频频走神。由此可见，室内与户外的团体活动要互相结合起来操作，这样才能达到最佳的效果。

2. 心旅伴的物理场

不同的旅游地，其物理场的具体情况又各有其特色。举例而言，西藏的天然美景，地广人稀，旅游团一投入进去，就能感受到湛蓝而干净的天空，低低的柔软的白云，有一种“野旷天低树”的意境，像一幢天然的大房子。呼伦贝尔大草原也像是一个天然的大房子，成员身处其中，空旷天地之间，给人一种只剩下我们这一群人的错觉。再比如说贵州苗寨的一个中心广场，笔者带团做亲子关系的主题，但此广场周围都是居民住宅，每一扇窗户后都有当地人驻足围观和打量，由于距离太近，环境陌生，这种特殊的物理环境不太适合做深度的体验活动，只能以游戏的形式进行简单放松和浅层次的心理探索。贵州的山丘地势决定了其居住构造不同于高原石头屋和草原蒙古包分散的布局，从室内的小的物理场迁到户外大自然的大的物理场，团体成员也需要心理上的调整，这时对户外场地的要求也会增加。如果户外物理场不太适合深层体验的活动开展，那么就可以创造一定的物理场来进行。

3. 心旅伴的文化场

含有深厚文化底蕴的旅游景点，其文化和艺术气息都是特别浓郁的，而且还能衍生出一系列的文化和艺术作品以及纪念品。心旅伴在规划心理线路的同时，也会考虑选择合适的文化场。

文化场有什么特点呢？文化场对处在场内的人有潜移默化的文化熏陶。举例而言，笔者早年带队去丽江做心旅伴的过程中，融入民宿，走访民宅，到丽江古镇的一位人家的院子里做主题活动。当时的场景是：院子里人来人往，有人做菜腊肉，有人围观泼水，但是都对我们产生不了太大的影响。这与贵州那次的广场活动形成了鲜明的对比，因为当时的丽江人家的院子形成了一个文化场，这是丽江古镇那个村特有的氛围，换作是广州、天津等其他随便一个地方就会变味道。区别就在于，那是一个文化自由的环境，里面的村民心灵也自由，他们的包容度高，且幸福感强。当时的文化场的氛围使然，直接将成员们熏陶成为与当地人拥有一样包容平和而自由的心态的文化人。

从物理场（包括人为设施造就的场和大自然生成的场）到文化场的作用与影响的剖析，便可知晓心旅伴的这种心理旅游团体中场的复杂作用和深刻影响。心旅伴团体中，成员们之间的关系的变化、交流内容的深入、个人体验的不同，这一类的变化是社交和人际层面的；但其外部的物理场也有变化，可能会遇到自然灾害、天气问题或者抗拒不了的陌生元素的强行介入；文化场也可能是动态的，比如说戏曲表演、地方歌舞表演以及当地特殊的本土化仪式，这些都是一些动态呈现的非物质文化展示。这些物理场和文化场以及处于场中的人际关系的变化，都会引起团体成员的生理状态的变化，比如应激状态、高峰体验、感官唤醒、放松愉悦等不同的状态。

4. 心旅伴的心理场

心旅伴的第三个场就是心理场，心理场不是单独存在的，而是蕴含于活动始终。随着团体成员们所处的物理场和文化场的不同，其内心体验会产生不同的起伏和变化，成员之间随着自我开放和分享的深入，其人际关系模式也会不同，团体的成员的心理氛围随之变化，这就是心理场的变化。以往传统的室内团体心理咨询，室内就是一个物理场，其中的每位成员都有心理空间，组成一个共同的心理世界。这个团体就是一个小型的社会关系网，这个关系网又受到室内物理空间的影响，物理空间越安全，心理空间越开放，心理世界的动力越强，三者之间相互促进。

如何评估一个心旅伴的团体所处的场是否有助于成员们的体验和成长呢？主要看团体成员的心理场是否是积极的。在从室内的物理场转到户外大自然的物理场的过程中，如果物理场同时还是一个富有文化气息的场，那么成员们的心理就越容易适应，像西藏圣湖，像草原牧场，这些饱含文化底蕴的景点，比一般的物理场更容易让人适应和陶醉，更容易将团体成员的心理场引导向积极的方面。再举例而言，笔者带团进入不丹国的时候，第一时间就能感到扑面而来的与世无争、悠闲自由的文化氛围，让所有人不由自主地都沐浴在这个幸福国度里，这种文化场对心理场的影响是显而易见的。但如果外部的物理场能量和文化内涵不够，团体便只能从室内体验开始，等成员们掌握了进入心理场的技巧后，再进入大自然的物理场进行体验。

三、影响游客心理成长的因素

旅游最终目的还是滋养游客的身心，这也是广义的心理成长、那么在旅游的过程中，肯定有一些因素激发了游客们的内心，从而促使其变得成熟和强大，我们叫这些因素为成长因素。而这些影响游客心理成长的因素，我们将之概括为以下五点：真实与坦诚、人与人之间的互动、自然环境的激发、人类行为的仪式感、个体的开放程度。

（一）真实与坦诚

人类在进化的历程中，文明度越不高时，越倾向于自然的状态，也就是说早期越不受文明礼仪的约束。文明度越高，一些原始的狂野的就会被社会化和礼仪化，从整体上来看便是文明度提高了，道德素养普遍得到提升，但是从细节化的各个角度审视，会发现有一些现代的加工反而有点破坏了原有的这种珍贵传统。

比如说，某地出土了一件文物，价值连城，有着几百上千年的古老历史，但它太老旧了，模样很不受看，观赏性很差，所以当地的展览馆的工作人员，为了迎合大众的审美需求，用现代化的新型材料对它进行了表层加工，观赏性变得强了，但是遮盖掉了里面珍贵的文化与历史，得不偿失。而且现代文明有时在其他某些方面也会产生类似的负面影响，一个人可能在遵循社会礼仪前是很天真烂漫、无拘无束的状态，可能会犯错、犯傻，这些都是其天性使然，一旦投入社会角色，进入工作岗位后，便不可能表现出这么自我而放松的状态了。天性的部分有可能被隐藏起来了，心旅伴的目的之一就是要将大家的天性从日常生活工作的压抑中解放出来，以此来释放成员们的心理压力。而这里的解放天性，是指游客们真实的、忘我的投入状态。

因此，心旅伴的心理导游，则要更加真诚和专业，这样才能更好地引导游客进入真实忘我的状态。专业方面，上述章节已经重点论述，现在我们重点关注心理导游的真诚这一人格特质。

游客之中也有心理学资深学者，可能这类游客评价心理导游的规则比普通的心旅伴成员更加专业和苛刻，心理导游有时候也许会紧张。也有的心理导游，在旅行开始之初，各方面都做得很严谨、很端庄，给人以专业和威严的感觉，但是到后续的活动中渐渐地表现出随意和懒散的行为，这样会让团体成员有心理落差，也不是好的策略。而笔者面对这些状况，选择了一种应对方式，那就是坦诚相待。因为笔者明白自己永远不能达到所有人期待的理想化的标准形象，但是俗话说，“不怕千招会，就怕一招精”，这一招就是坦诚，就是不论遇到任何的状况，都以坦诚的态度来面对，当然处理事情的技巧和策略是要因人而异、因地制宜的，但是其中的核心态度必须是真诚。此外，勇气、宽容、尊重、创新这些积极品质也都是心旅伴的心理导游必须要具备的。

（二）人与人的互动

第二个因素是人与人之间的互动。这里的互动包括团体成员之间的互动和心理导游与团体成员之间的互动。

首先探讨一下团体成员之间的互动。心旅伴旅行团的这群人之间是没有利益关系的，不存在平时生活中相处时的顾虑问题，所以不需要破冰的环节。通俗而言，大家互相之间不用担心谁看不起谁，也不担心在旅途中的表现被事后在朋友圈里传播得沸沸扬扬，因为旅行团里的人互相之间都是陌生人，成员之间这面镜子就更加真实，更容易让人看到自己的缺点和不足。

成员之间的互动和话题可能会更加深入。相比于职场上官方、表面和迂就敷衍的人际关系，此时的小组活动和分享中，话题会更为深刻与开放，有的人甚至会表现出与其在岗位角色和家庭角色中完全不一样的言行举止。不同的人在互相交流和互动的过程中会产生思想的碰撞，让人在不知不觉中得到启发与积极影响，当然，在互动的过程中，也是需要心理导游进行引导和控场的。

其次，心理导游与团体成员之间的互动也是需要重视的方面。因为心理导游是带动全场氛围和进度的核心人物，其选取的不同的景点和线路会将团体成员带入不同的物理场，其对景点文化的不同解读会将团体成员带入不同的文化场，其使用的具体的心理技术的不同也会将团体成员带入不同的心理场。这样看来，心理导游与团体成员之间的互动，对其心理体验的影响是非常大的。

（三）自然环境的激发

第三个成长因素是自然环境的激发。大自然鬼斧神工，许多景点的壮丽恢宏都能给人以感官上的震撼和心灵上的洗礼，人们身处其中，可能会被激发出一些自己意想不到的体验、顿悟或灵感。

当然，要想深刻体验到自然环境的激发效果，还需要身处自然中的人们能有一颗“七窍玲珑心”，最好是比较敏感、比较文艺、比较伤春悲秋的性格的人，比如古代的文人骚客，比如现代的学者和文学爱好者，比如善于观察自然的、能一叶知秋的那些内心细腻的人，这些人在旅途中更加能感受到大自然的神圣与强大。

（四）文化因子——仪式感

人类是社会性动物，其行为往往烙印着文化影响，有一些还会具有仪式感，所以在这个文化因子中，我们将仪式感着重剖析一下。因为心旅伴的很多主题活动，都是引导成员们在一种集体的、有仪式感的冥想、内心对话或者祈祷等氛围中，将自己内心的未完成事件或者情结给解决掉，很多的活动都离不开这个仪式感。这个仪式感的行为就好像是一条过去与未来的分水岭，成员们用心做完这件仪式感满满的事情，进行深度分享和自我反思之后，过去的事就翻篇了，未来将会充满力量地走下去。当我们与我们的文化进行联结，走进一个强大的文化体系时，承载着文化信息的物件能带我们领略那些旧时光里的东西，同时也能促进我们的心理动力发生改变，这也是文化的动力。

某些游客内心有未完成事件，总觉得很遗憾。比如说家里有老人去世了，但此人当时在外地工作，没有见上最后一面，那么在旅行途中的某个祭祀的景点，便可能会心生一种敬畏，想起这位过世的长辈，做一个告别的祭奠仪式，整个过程中的肃穆和祈祷，都会在当事人心里产生疗愈的效果。所以文化的力量与仪式的洗礼会促使人发生改变。

（五）个体的开放程度

游客个体旅游时的内心开放程度比在家里和单位的时候都要高。比如说在云南丽江，有些景点村落流行走婚，原来在工作生活中都是很传统的人到了这里，有的游客都会参与到当地走婚的活动中去，这样大家的开放度就提高了。在这样一个相对开放的民风氛围里，有些游客身上的枷锁和控制性的东西都能被解开一些。

比如说，你在生活中是围着灶台转的家庭主妇，但是去展览馆就要是晚礼服或者西装革履的造型，去旅游就是休闲运动的风格。在生活中可能是妻子、丈夫、父母或者孩子，在工作中是技术人员、领导队长或者总裁，但是在旅游中，只有一种身份，那就是游客，是成长者，是体验者。游客在旅途中不用理会那些日常角色赋予的各种责任和义务，旅游的空间变化让游客们远离了这些琐事与烦恼，一下子就放松了。

四、优秀的心理导游才能助游客成长

影响游客心理成长的因素中，心理导游的因素是很重要的，心理导游直接影响整个旅游团体的氛围和进度，所以其能力、品格和态度能对游客的成长产生重大影响。

心旅伴的团体管理是技术活，这其中涉及团体结构的设置、场的氛围的把握、团体成员的动机、心理导游的心理资本水平的高低、领导者危机干预的能力等各方面的不同问题。所以说，心旅伴是一种特殊的功能性的团体，它对该团体中的工作者的能力素养要求较高。如果说室内团体活动是一个准社会的状态的话，那么户外的、动态的团体活动便比准社会的状态更加贴近于社会。心旅伴的团体与传统的室内团体不同的点还在于，其在时间延续和空间转换上都是有优势的，除了睡觉的时间，心旅伴的团体成员都在一起互相磨合和交际，而且随着在不同的物理场和文化场开展不同的心理主题活动，成员们的心理场的状态会越来越积极和正能量。

无论是西藏游还是呼伦贝尔游，无论是初次带团还是规划后带团，无论是国内短暂游还是国外长期游，这所有的过程中，都逃不过问题的发生，问题都不是同样的问题，但其发生的根源都来自人性和人心，利益冲突是其中一种导火索，品德素质也是其中比较关键的因素，还有经验、情商以及突发事件的应对能力都很重要。各式各样的情境都给了心旅伴团队不同程度的考验。

（一）工匠精神

心理导游在带队心旅伴团体的途中，会遇到各种棘手的问题，其心中便需要有一直坚守的东西存在，那就是我们的浩然之气。捍卫心中的浩然之气就是捍卫所有跟随我们成团旅行的人和相信我们的人，尽量创造一个舒心的、安全的、不被骚扰的环境，使他们在旅行当中充分地体验和成长。

要一切为心旅伴的成员们考虑，要保护他们，让他们对景点、对旅途、对成长自始至终都充满着期待。但如果带团者没有坚守住内心的浩然之气，则很有可能跟旅行社的导游和司机联合起来哄骗游客，那么这一次的心旅伴成长便可以作废，因为带团的心理导游都已经心态崩溃、利欲熏心了，这是带团大忌。所以在带团的过程中，规划者和带头人要始终坚守好为旅行团成员们服务的心态。

在考察某个机构的工作深入程度的过程中，我们需要探讨两个方面的问题。

首先，关于商业机构的服务质量问题。以婚介机构为例，市面上的部分婚介机构，由于种种原因（这其中也包括一定的不可控因素，比如参与相亲的会员的照片完全失真，或者有隐藏性别的特殊情况发生）而未能做到质量上的匹配和把控，便只能承诺给顾客一个量的服务（即承诺给缴费的会员在一定的时间内安排一定次数的约见，而成功率则不是其首要考虑的因素），主要是靠量的服务来扩大市场占有率，那么这其中的质的把控便会受到忽视。一般的营利机构，如果不太注重服务质量问题，是不太可能具备工匠精神和企业文化的，当然，行业的龙头们不在此列。

然后，关于理论和技术探索者的发展问题。理想化的探索者，若在理论和技术上做到了创新，这是具有工匠精神的，其探索的过程即为其人生的追求和价值的体现。但如果旅行社只去埋头做科研，那么旅游的市场会被其同行抢占殆尽，所以，经济市场的竞争规则也不允许小型营利机构去埋头科研，他们只需要应用工匠的技术和理论即可。

那么这些作为开拓者的工匠们和学者们不要去投入市场做经商项目，因为若是全民的科学家都去当企业 CEO，精力就会大大分散，国家的科研事业也会落后。所以，科研人员、工匠学者一般不需要去涉及产业的问题，社会市场会做出筛选和抉择，某些好的理论和技术，到了合适的时间节点，它就自然会成为产业。

（三）职业操守

心旅伴重视各方面问题的提前解决，也重视带团人的职业伦理和操守。以心理成长为主题的团，不仅在心旅伴里面难度最大，在真正的团体咨询里难度也是很高的。但是，心旅伴的心理成长团体与后者不同，游客一旦投身于自然中，一边旅行着一边体验着的时候，其心理状态就完全不同于在室内纯粹做团体咨询的效果。因为在自然环境下，人们可能更加“放肆”，其当下的情绪也更加接近真实的本我，也就不会顾及平时在房间里的礼仪是否得当、举止是否端庄，笔者清晰地记得有一次在景点做活动并且分享感受的过程中，有一位博士后成员都情绪失控了。人一旦到自然环境中，到一个没有社交压力的陌生人际场，就不用带着平时职场的面具和在家里的责任与角色，所有人都是放松的状态，心理导游将成员带入当时的情景中，脱掉马甲和面具，并且要适度控场，让成员们能进入心境并能走出负面情绪的影响。这样一来心理导游可以带着一群人从他们内心世界体验一遭，而且在体验过之后能走出来站在岸上以旁观者的角度反思，从而觉察到自己的成长。

心旅伴中的技术应用要与当地环境和当时氛围相得益彰，而不是刻意追求花里胡哨的超难技术，也不需要特别惊天动地的活动声势，只要是能够让成员们受益的就能被采用。这其实就跟讲课的原理是差不多的，讲课的内容是要对学生们有益的，具有一定的专业性的，而不是完全随着学生的喜好而临时编制的浅显或者娱乐性质的内容。可能在讲课的过程中，有些学生理解不过来，所以自然听不懂，但只要记住这些知识点，在以后的实践中应用了就能懂了。所以，在心旅伴的实践探索之中，尽管有不投入的、阻抗的、心理资本水平不够的成员，我们还是要尽可能地坚持我们事先设定的有意义的环节，可以单独给这些跟不上节奏的成员进行一对一交流，以减少负面影响，但是不能因为游客想要纯粹的趣味性，就减少活动的思考环节和体验环节，俗话来讲，就是要注意不能“因噎废食”。

所以说旅行团的成员，少部分人不识货、不配合是可以被理解的，但是带团的心理导游是不能够没有原则的，要有职业的伦理与操守，该完成哪些方面的心理探索，就要想尽办法引导成员们进行积极探索，要有这样的觉悟：你暂时不喜欢我、不理解我没关系，你以后的某一天，终究会懂得我的良苦用心。这就类似于父母教育孩子的过程中，父母的有些决定或者教育的方式，不被孩子所理解，孩子会产生叛逆的心理，亲子关系会面临冲突，但是随着孩子在社会中摸爬滚打和日渐成熟，终究会明白父母当初的用意。教子的父母如此，上课的老师如此，带团的心理导游也要如此。心理导游是必须对游客负责的人，要耐心，接受一时的不理解与怀疑，坚持做好本职的工作，相信游客终会有明白我们的一天；不要追求在旅途中，自己在带团的过程中舒服一点，就毫无原则地迎合游客们的喜好和口味，做一些浅显的、没有深度的活动。

这便是心旅伴的心理导游的职业伦理，也是其带团的职业操守。虽然大多数人习惯于得过且过，很少有人会认为，只是出门消遣娱乐的旅行，不用看得太重要、太专业，也不用准备太多，只要聚在一起散散心就可以，但是心旅伴不能哄骗大众，不能仅仅游离于形式的表面，我们要深挖成员们的内心世界，带他们真正去自我内心走一遭。所以在这个过程中，我们要做到既让游客成员们尝到甜头，体验到旅行形式上的乐趣，还要做到让其得到真正的领悟与变化。这里面的引导和把控，对心理导游和整个心旅伴的团队而言，都是一种挑战。

（四）完美的领导者存在吗？

心旅伴的团体中，如果助手和领导者之间没有培养出工作的默契，那么可能中间会出现角色定位偏差的问题。举例而言，笔者某次带团的过程中，当时的助手就其自身心理的一些调试问题，私下请教一位团体成员，以此和成员之间建立更加密切的关系，在带团的过程中也常常有意识地塑造自身的形象，这样会导致团体中产生除了领导者之外的另一位权威，结果可能是领导者抵御不了成员们阻抗带来的压力，失去权威，进而被推翻，最终可能是旅行的潦草收场，成员们没有得到应有的心灵成长。

上述状况的出现，原因在于领导者不够完美和专业吗？答案是否定的。如果心旅伴团体的领导者很多方面都是优良的，同时具备专业性、人格魅力、性格上的宽容度、勇敢且坚韧、颜值高等特质，但领导者总会有一个方面是略逊于团体中的某些成员的，所以让领导者将自己完美化，对于带领心旅伴过程中的角色定位而言，注定是徒劳的努力。

那么，如何改善这一现状呢？领导者需要做两方面的努力：第一，领导者要接受团体即一个小型社会的事实，要做好接纳成员的阻抗、不认同等一些负面反应的现实，比如说村长也要接受有村民在抗议的大字报上写对自己负面的评价一样；第二，领导者要帮助助理做好具体工作内容的界定，做好相关的培训与交流。

（五）助手是心理导游的减震器

心理导游既是团体的领导者，同时也是团体的心理成员和旅行团的成员，领导者与团体成员之间进行交流或者活动互动的过程中，需要有联结的一位中介人，即导游助理。这位助理的工作职能，就类似于行驶在山路上的车辆的减震器。减震器的一大功能是保证车辆在行驶过程中的平顺性，所以助理的职能也在于保证团体良性运作的顺畅，在于调节好团体成员与心理导游即领导者之间的关系，在于做好成员们的衣食住行等方面的后勤服务，在于与司机做好时间上的接洽和具体行程中的其他细节问题。

而这些细枝末节的琐事，如果换作是领导者去做的话，首先是领导者的精力可能不够，因为领导者还要准备心理主题活动等技术上的事务；其次领导者可能在因为琐事与成员们逐一商讨的过程中，失去了威慑力，甚至可能在琐事交接的过程中权威下降甚至失去权威。

但由领导者的助理负责处理上述的这些生活和人际方面的事务，这对于心旅伴团队而言却是意义重大的。优秀的助理，其沟通协调能力是很强的，其情商水平也高于普通岗位的员工，保持淡定的心情，慢慢地处理，不急躁不自乱阵脚，保持负责任和合作的态度，与团体成员打成一片，培养出浓厚的革命友谊，这才是厉害的助理，这样水平的助理就类似于顶配车辆的顶配减震器了。

心旅伴的团体目标是促进成员获得最大限度的心灵成长，所以团体成员要在活动的当下进入该有的状态，而不需要去花其他的精力在生活琐碎的事务上。对心理体验要求严苛的导师，追求的目标是让团体成员尽可能地都能找到自己内心的世外桃源，反之，一个比较圆滑的，耽误于琐事和功利事务的导师，很难在心旅伴的活动效果上给成员们带来百分百的体验，这样就会使大家的成长大打折扣。所以说领导者和助理做到各司其职是非常重要的，各司其职之后，领导者和团体成员们都能全身心地投入旅行的各种体验之中。反之，如果领导者和助理之间的配合度不够高，便可能导致旅行团状况不断，影响成员们的心情。

当然，领导者和助理之间的工作职责安排，也是根据双方具体的能力和精力状况来决定的。如果领导者在设计路线、活动策划和引导等方面的工作已经游刃有余，还有精力为助理分担一部分事务，那么团体对助理的能力要求便可以相应降低；反之，如果助理的公关能力强、情商高、执行力强的话，那么便是新手领导者最需要的合作对象。

五、游客的旅游体验

（一）游客群体的分类

根据旅游之后所得体验表达出来的作品境界的不同，可以将游客分为三个层次。

1. 纯粹游玩性质的群体

第一个层次的游客，对环境的感知和体验没有很深刻，比较注重感官的刺激和物质条件的舒适度，旅游对其而言，可能只是纯粹的身体放松。比如，“玉龙雪山一日游”回来之后，他可能事后总结就只有三个字：累死啦！这类群体的感官感受的兴奋阈值偏高，而且心理的感受性也不强，可能也与知识储备不足或者表达意愿不强有关系。

2. 文艺爱好者群体

这第二个层次的群体，是相对来说比较愿意表达内心体验的一类群体。比如，这类群体去参加“玉龙雪山一日游”之后，会表示在情绪、内心格局等方面均有提高，至少会有一种抛开琐事束缚、洗涤心灵的感觉，回家后可能会写一篇游记攻略，可能会作打油诗一首来装点一下枯燥的日常，甚至有的会有事业项目或者作品创新上的新突破，这些都是旅游过程中强烈的感官体验带来的内心升华和进步。

3. 文人骚客的旅行家群体

这一层次主要是以文人骚客式的旅行家为主要群体。纵观古今，不少人都在游历四方中度过自己的生活。尤其是古代人们对意义的追寻，无法通过现在互联网、电视机或者智能手机来获取，可能可供阅读的书籍也不会很多，为了拓宽人生和追寻自己生命的意义，那么他们很可能会游历多国，一边游历一边创作和讲学，从而发展出属于自己的学说。孔子和老子就是其中典型的代表人物。

这些人在旅游中能借由大自然的鬼斧神工式的壮阔美景，表达出带有内省性质的哲思之作。在此重点列举两位伟大的人物：

徐霞客和李白。

首先是我们闻名遐迩的旅行家——徐霞客。我们后世之辈通过徐霞客的游记了解到了他的游历过程，同时也受到了他的思想的洗礼。为何徐霞客可以成为旅行家？具体而言就是，他进入桃花源，就能体验到桃花源的美和内涵，同时他还能根据自己的理解和感受著书立说，流传千古，所以说旅游中的体验和表达很重要。

另外一位在旅行中抒发自我的高手便是我们的诗仙李白。“飞流直下三千尺，疑是银河落九天”这等人间仙句乃是文人骚客中的顶尖存在。从对李白的诗的解读，可以看出他的旅游能力。

（二）游客体验的分类

游客在旅行中所获得的体验是不同的，有的表现在感官上，有的体现在内心里。例如，“心灵成长之旅”和“团体动力曲线”这两个概念之所以能被提出来，就是因为当时笔者内心经历了急剧变化的体验。

1. 游客的感官体验

日常旅游的目的是让游客在得到感官刺激的过程中，有一种独特的心理体验。举例而言，如果设计一个体验转换的环节：某位游客上一个时间点还在家里宅着享受悠闲惬意的周末生活，突然要求他戴上眼罩和防噪音耳机（隔绝视觉和听觉引起的感官刺激），跟我们立即来到一个壮观的大瀑布的景点，再将其眼罩和耳机取下，这样，游客家中的静谧平淡与此时摘掉束缚之后瀑布前的视觉听觉震撼，两个环境形成了鲜明的对比。刚才家中安静得可闻针声落地，而此刻景点的瀑布水流声如雷鸣般轰响；刚才家中物具熟悉平常，而此刻看见瀑布一泻千里，让人从听觉和视觉上充满了刺激，有的人甚至会产生膜拜之感。这样的前后对比的强烈的感官体验会让人产生不同的心理体验。

2. 游客的心理体验

当上述的游客从平和的心理体验，到在瀑布现场体验到震撼时激动的心情，还有一路上戴着眼罩耳机眼不能看耳不能听时的紧张和期待，这些心情的转换都糅杂在了当下参观瀑布这一刻的内心体验当中。内心就像过山车，又像一下子从春天的和煦跨到了夏日的热烈中，情绪唤醒水平一下子就飙升而上，得到了巅峰体验，说不定此时此刻就会产生一些创作灵感。实际上旅游所带来的益处，就是个体通过对外部环境的感官体验进而对内心产生刺激，这一过程中能产生的心理变化，可能是涤荡忧思，可能是壮大自信，也可能是调节情绪。而这种变化是由在同一空间和时间下的内心不同体验之间的碰撞而产生的，也可以称为旅游的心理体验，正是因为旅游能带给大家这么多巅峰体验的快乐与释放，所以大家都愿意走出家门，去感受大自然的美景，进而得到心灵的成长。

六、心理成长最大化的具体方法

（一）良好的体验表达

旅游能力高的人会“玩转”旅游，也就是说会全身心地享受旅游。如何“玩转”？关键点就在于放空心态，而放空心态的过程类似于上文所提到的“献血”，具体来讲就是旅行者要把内心的感受使劲往外表达。而关于“献血”中的“血”是什么？如果老师去讲课，“血”就是知识；如果是一个心理老师，那么“血”就是感受。如果旅行者老是不表达出内心的体验，三言两语一带而过的话，长此以往便不能挖掘新的感受出来。

心旅伴的主题活动中，VIP 游客们自主参与，积极分享自己的心得体会。 而且，心旅伴的终极目标是让参与其中的游客能得到内心的最佳体验，或者能解决内心的情结与困扰。这样的效果，只能通过游客全身心的投入与体验才能达到。

1. 充分的体验空间和体验时间

清华大学前任校长曾经提出这样的教师观：老师教学生犹如大鱼带小鱼，小鱼从游之，时而在前，时而在左右陪伴，时而在后。想象这个场景，颇有点导游带团旅行的意味。心旅伴的导游，其肩负的一部分任务，也包括引导旅游团的团员们成长、学习和体验，不论是学生在老师周围“游”学，还是游客们在导游身边游玩，这两者都含有体验和成长的异曲同工之妙。

导游除了要给游客讲解景点的文化和历史之外，还要让游客融入景点的氛围中，尽情地体验天地山河，体验内心震撼，指导游客当自己心灵的探索者。“授之以鱼，不如授之以渔”，表现在教育上，就是指懂方法的老师会引导学生全心投入学习，教给他们最基本的原理；表现在旅游上，那就是导游带游客们登顶后一览众山小，不限制、不打扰游客们在峰顶的自由体验，给他们时间和空间，留他们自己体验，如果有人欲倾诉，安静聆听即可。

（1）抓住感受的精髓，准确地表达出来

旅游不是一定要长篇大论，而是要能抓住当下情绪体验的那个一瞬间的灵感或者状态。因此所有服务于旅行的有关部门和打造景点的开发商们，都在尽一切所能创造能让游客达到某种巅峰状态的景致。

（2）积累知识，练习技能

普通的个体，平时日常生活中不抽空做冥想、思辨和写作等一系列有助于表达的练习，那么在旅游中他是达不到那种精准表达感受的程度的。如果旅游事先设置为，先让旅客达到放空状态，比如上文举例说到的戴眼罩和耳机隔绝视觉与听觉感受渠道，然后突然间以瀑布迎面的感官来冲击旅行者们，一般的人都会有“疑是银河落九天”的感受，但因为是普通人，没有通过练习形成旅行家们表达旅游体验的能力，所以就不会有惊世绝俗的诗篇或游记流传于后世。所以说，积累和练习对于正确的表达很重要。

累积和练习的方法还包括解读旅游胜地的诗词曲赋，可以背记下来，学习先人的写作方式，表现在自己的游记里，这样日积月累地练习之后，也会有显见的进步。

2. 体验文化的意义感

记忆中所有让人印象深刻的事件或者场景，其中最触动回忆的是伴随事件和场景的那些情绪体验。以笔者参加的一次户外团体为例，那是一次自主地南下广州的团，不购物纯体验的那种。

从四川出发之时，停靠在一座红军会师的桥上，解读桥上的抗战标语，团里的广东游客用粤语教我们说这句标语，导游也讲述了当初的战况，一群人围坐着，认真听着，笔者还记得当时内心的虔诚和澎湃，记得对抗战军人的景仰与感恩。这种走心的体验，在之后的人生和旅途中，都能时不时地滋养自己。

我们记住的是内心的体验，所以今天影响我们的就是那些体验，我们记住的也是那些体验而不是别人给我们讲的道理。所以游客们要在旅游途中去做更多的体验，体验丰富了之后，其人生的建构也更为丰富。

从更高层面来看，生理上的知觉体验带来的心理的积极情绪体验，很多时候都可以帮助我们找寻生活的意义和趣味。比如我们参与一些祭祀之类的文化性的体验，或者参与了一些与自然联结，甚至是与祖先联结的文化性活动，我们就会在参与的过程中感受到意义感，而持续的意义感就是个体生命价值感的核心所在。

所以生理知觉带来的心理积极情绪体验，浅层面是生活的幸福感，深层面是生命的意义感。获取幸福感和意义感，要经历一种身心合一的体验，达到这种体验状态，便可以获得这两种需要，这样，浅层面的需要和深度的需要都得到满足了，那么人才是真正地活着，才会有价值感。

（二）求变才能产生创造力

常常旅游的人，在经历过多次或多年的旅游之后，往往会寻求不一样的旅游方式，以求找到新鲜的灵感。这些人往往更加返璞归真，不再拘泥于形式，他们在游过各大著名景点后，更加倾向于去一些小众的、有民族特色的景点，用心体会其中的风土人情、文化和历史。宛如一位吃惯了山珍海味的食客，有时候偏爱路边地道的开了几十年的老面铺子或者老酒馆。

思维展开，我们探讨一下怎么激发创新的灵感。一般来说，创新是人的心理上的一种变化，也是人脑海中产生的一种内在思维的碰撞，那么这种内在的思维碰撞是怎么产生的？以自然界中的碰撞为例来说，空间温度的变化，是因为不同方位的空气对流，比如下雪的前提就是对流的温度和足够的湿度。一边是湿热气流，一边是湿冷气流，两方一对流，雨或者雪就产生了。雨有蒙蒙细雨、暴风骤雨、瓢泼大雨等不同的形态；雪有撒盐空中、柳絮翻飞、鹅毛大雪等不同的形态。所以雨雪不仅是与前期的蒸发和温度湿度对流条件有关，其后期表现出来的形态也各有不同。历经时间的累积和空间的运动，自然界会产生各种神奇的现象，而人类的创新思维也是如此，时间的厚度与思想观念之间的碰撞，有时候能激发很多平时意想不到的灵感。

从以上所述的角度来看，部分学者让自己保持心态和思维的四平八稳，具体来说就是永远都处在舒服快乐的状态，不会有压力，像贝加尔湖那样平静祥和，难得有内心的冲突和挣扎，鲜少有焦虑和忧思，这个状态就不太可能出现创新性的灵感、理论或作品。所以必须要有一个心理上忽高忽低的变化。时而高亢，笔者理解为一种热烈的、热情的状态，而且热烈就要热烈到一定的程度；时而低缓，笔者理解为一种放空、松弛的状态，低缓就让它松弛到一定的程度。如此，当高和低两种创作的状态一对流、一切换、一碰撞，这时就可能会出来新的灵感和理论，好比是心里下了一场灵感的雨雪。故此，笔者发现那些多产的理论雄厚的科学家，那些伟大的、让人敬仰的艺术家，都带有“神经病”式的气质。为何如此解读？因为他们经常从事创作和发明，经常需要经历个人内心状态的高低起伏，表现在表情、语言和行为上，在不知情的旁观者看来就具有“神经病”的气质。

很多游客会因为在工作或者生活中，思维或者创作遭到瓶颈，而选择去做一次放逐自我、找寻自我的旅游，以求找到生活的意义和工作的价值。那么，在旅游中，我们要改变一下自己的惯用思维方式，打破内心桎梏，直面自己“才思枯竭”“百无一用”的窘境，跳脱开来，以客观的、上进的态度对待我们自己。没有灵感的时候，就多体验、多学习、多观赏风景，也许在这个过程中，绝好的创意会突然敲响你的心房。

1. 学习思维的转换

在我们的教育中，从幼儿到基础再到高等教育，大部分的学习内容和程序已经完全设定好了，我们只需要按部就班地用功即可。可能现在很多初中和高中的毕业年级，音体美劳等课余活动以及各种兴趣班，都会被主打科目的课程和补习取代，即使读了20多年的书，到最后许多人都没有得到全面的发展，也就不太习惯于创新。

如果我们要打破内心桎梏，跳脱开来的话，那么这个桎梏是什么？我们需要跳脱的是哪个范围？举例而言，某一档演讲竞技节目的一位参与者，本职工作教英语，其学生已经有成千上万名了，他有一个学术上的爱好，那就是将中国的比较唯美的古典诗词翻译成英语版的诗歌，且常在课堂上讲解给学生们听。但有的学生会认为，中考和高考都不会考这些，这位老师讲授的古诗词英文化知识，对他们完全没有益处。从这个事例中我们便能看出，考试给学生的压力和固化思维已经很严重了，如果教育中所有的内容和行为都是为了升学考试，那么对于拓展的教育内容的探索精神和其文化素养的培养也将是一种禁锢。所以，我们要打破内心固定思维的桎梏，跳出已经画好的生活圈，从我们自身做起，常常寻找思维的突破和变化，以身示范，影响并保护孩子们的创造力。

2. 文化思维的转换

旅游，实质上是一个文化熏陶的过程。去过很多国家，走过很多座大桥，见过很多次不同山头的朝阳和月光，听过很多吹拉弹唱，看过很多场劲歌热舞。所有的这些旅途中的场景，都会对旅客的文化思维产生影响。

人们在一座城市待久了，便会想要到另外一个地方去感受不一样的感觉，这也是一种文化思维求变的方式。不论是去北方的大草原骑马牧羊，还是去西藏洗涤心灵，事实上都是改变了我们身处的自然环境，这种地域空间的改变，也是对我们文化思维和心灵审美的一种冲击和丰富。

（三）对抗荒诞，向内求索

荒诞在精神分析中，是一种生命无意义的体验或者状态，当某项任务或者工作圆满结束的时候，当事人的内心可能会滋生出一种生活没有意义的感觉，形成一种无聊、空洞的情绪体验。当下的人们常常感到荒诞，他们经常不快乐，具体表现在很多方面，比如他们有人对自己不满意，觉得对生活中的许多事情都没有什么兴趣，察觉不到价值感和自豪感，甚至有人觉得生命没有意义。这其中很大一部分原因是：他们亲手阻断了许多机会，即那些通过参与事件进而产生体验的机会。

人们需要在生活工作的方方面面对荒诞进行对抗，在旅游中也同样可以。当下需要对旅游进行重大改革，如果在改革的过程中，能真正地运用心理学去促进旅游，去推动旅游，那么游客们在旅游中所体验到的幸福感和所得到的成长力量将会大幅度提升。所以把心理学应用在旅游中的这种模式，有助于旅游行业的发展。

我们应该结合生态心理、文化心理的理论指导，做真正走心的旅游。真正的旅游就是私人订制的，在这其中不会去人为设置体验的障碍。而现实中的旅游，因为有一些人为设置的原因，把我们与自然、社会、自我和身体之间的互动体验给部分剥夺了，所以游客得到的体验程度，如果说完美体验是100%，那么游客可能只会体验到其中的50%。

生理的知觉体验和情绪反应对于生活的幸福感和生命的意义感而言，是比较重要的。举一个生活中的常见现象，如果让你拿着一个百香果，回忆百香果的味道，那么口腔里面自然而然地会分泌出唾液，这是条件反射，也是一种聚生，就是身体和情绪体验的一种关系互动。人类机体在进化中形成的感觉系统是很值得信任的，有很多的事情都可以去尝试，比如吃百香果这种事情，不去尝试，就不会体验到那种酸中带甜的味道。然而现实生活中还是有很多人给自己设限，面对这方面的挑战直接就认为自己承受不住，遇到那方面的机遇也不敢向前迈步去尝试，在饮食方面可能就表现为，既不能吃这个怕上火，又不能吃那个怕过敏。这样拒绝尝试的行为最终让我们失去了很多体验的机会，那么生理上相对应的知觉功能也就无法启用，进而被关闭了。然而事实上，人类身体很多的原始体验功能，都可以让我们体验到快乐、满意、兴趣、自豪等积极情绪，如果我们关闭这些功能或者很少去使用这些功能，那么就体验不到相应最纯粹的积极情绪，这样一来，我们的幸福体验将会少很多。

1. 逃离家庭的小女孩

以亲子教育为例，如果家长不允许孩子去尽情奔跑，那么他就感受不到他的身体和速度，与身边的空气、环境和氛围就不能产生互动，也就达不到那种巅峰的体验，内心也就不会有触动的地方，积极情绪就会少一些。有一些家长带娃去郊游时，抱着娃背着娃或者把娃牵在手里，本质上娃是没有太多的体验的，因为他自己不下地活动，就体验不到那种自由的、飞一般的感觉，父母把孩子这种体验的机会都剥夺了，那么孩子的心灵怎么会自由呢？又怎么会有创造性呢？

教育上如是，生活上也如是。之前做呼伦贝尔心灵成长主题的时候，心旅伴的旅行团里有一位心理学同行的新疆小女孩，化名西子，其性格活泼，经常组织同龄的小青年们一起海聊和做游戏，在团里表现得开朗阳光，简直活脱脱一枚小太阳。可是后来真正地接触下来，其实会发现她在日常的生活和工作中完全没有这么开朗的性格，就是一个被家庭教育规制着、束缚着的孩子。但是，她的这种天性，这种无拘无束的天性使得她难以接受父母严格的管制，甚至被家人看成是问题孩子。

家里人认为她有心理问题，所以才将她介绍过来参加心旅伴，言下之意即为，这个小女孩在现实生活当中表现得不善交际和言辞、性格孤僻，但其在心旅伴的旅游团里很活跃，与旅游同伴相处得十分融洽，甚至是团队氛围的推动者。所以，在自然放松的环境中，西子是完全正常的。于是，我们推断，西子在现实生活中可能有点焦虑、抑郁且不合群，但是在参与到心旅伴这个陌生而放松的环境中时，可能因为少了熟人社会的评价、指责和压力，西子找到了真正的自我。既然问题的症结不在西子本身，那么便有可能出在其家庭或学习的环境上，也有可能是父母、老师或者同学让其产生了紧张和压迫的情绪。

也许看到这里，你会担心西子在旅行结束重归家庭和学校生活之后依旧会变回孤僻的模样，其实不然，她没有再压抑下去，这可能得益于其在旅途中观念的转变，可能在心旅伴的一些活动中，她的某些积极情绪被激活了，让她全身心地接纳并且热爱上了自己，自信和自豪感是最好的良药，激起了西子探索外界众多领域的兴趣。这样一来，西子不再受制于环境了，那么环境给予她的消极影响就变得微乎其微了。西子学会了站在旁观者的角度思考别人对她的评价，遭到不合适的否定时她会认为那些评价中的她不是真正的她，负面的评价再也不会伤害到她。

西子的例子是正面而积极的，同样逃离生活的例子，上文有提到一例负面结果的，就是那个轻生的旅行者，将生命的最后一根稻草寄托于一次旅行，最后没有在旅行中调节过来，还是以悲剧收场。每每回忆至此，笔者扼腕长叹，如果那位大哥当初能加入心旅伴的旅行团，在美丽的景色中，有旅伴和心理导游专心聆听他的苦闷和郁结，说不定事情最后的结局会皆大欢喜。他可能会发现，其实他完全可以掌控自己的人生，能够去面对生活中让其抑郁的方面。

综上所述，我们发现社会中有一些人，其在日常社会生活中表现出来的是虚伪的自己，是被社会化和熟人社会塑造的自己。而如果这些人能参与心旅伴的旅行活动，他们可能会找到真我。本会团体与旅游结合产生的心旅伴，最终目的就是想让成员们找到真实的自己，所有的旅游心理技术、旅游同伴以及景点和物质服务，都是为这个目的而服务的。

2. 寻找内心的世外桃源

治愈内心的阴暗面之后，心态变得积极阳光了，之后面对冷嘲热讽或者生活挫折之时，便多了一分淡定从容。将心旅伴的成员们引导进入其各自的内心世界中，用心体验记忆中的积极面，让他们遇见最美的自己，便不再理会外界的诋毁，可以拥有强大的内心。这个步骤类似于祛除人们心理上的湿气，彻底祛除之后，会拥有更强的抵抗力，也就不会像原来那样畏寒了。

这个时候，如果别人再跟这些心理上已经彻底“祛湿”了的人灌输消极观念，这些人是不会轻易相信的，因为他们曾经到达过内心的那片世外桃源，他们坚信自己是值得被爱的，是独一无二的，是值得被重视、被认可、被尊重的。这种感受类似于抵达过彼岸的成就感，当再次遇到挫折坎坷之时，自信会一直陪伴在身旁。

内心郁积了多年的困扰，在顿悟的那一刹那烟消云散。参与心旅伴旅游的七天，内心顿悟的七个瞬间，就相当于捋顺了以往七年生命画卷中的纠结愁绪。虽然没有《西游记》中“天上一天，地上一年”那般大跨度的时间对比，但是，人生是一种心理体验，在找寻到自己内心的世外桃源之后的自信和顿悟，或许真的类似于穿越时空的治愈效果。游客跟着心旅伴在这个景点旅游一天，可能他的内心已经走过了心灵四季，走过春季时心花怒放，走过夏季时热情澎湃，走过秋季时迷茫孤寂，走过冬季时痛苦难捱，但是他最终还是挺过了四季体验，最后走进了自己心灵的世外桃源，找到了圆满的状态，寻到了与世无争的心境。

犹记得在莫尔格勒河，我们心旅伴的成员们集体给爸爸写过一封信，然后分享式地当众读出来，其他人都静静地听着，没人打扰。弯弯曲曲的河面，心旅伴几十人散落在河的两岸，河水静静地流淌，牛羊在惬意地吃草，天上的白云在飘，地上的人在轻轻地哭泣。如此度过了一个小时，对于参与的成员来说，这一个小时的时间，相当于其人生的成长。成长顿悟的瞬间，抵得过过去的多少年的努力。

原生家庭中的矛盾和伤痛，也能在倾诉和宣泄中得到调解和治愈。举例而言，笔者曾经带着一位学生去其家乡旅游，由于她远嫁他乡，本身与父母的关系就比较僵，此次回到故里，近乡情怯，当时的情绪起伏很大。因为团里的成员们一起感受、一起分享，加入了一些不同以往的元素，在去祭拜当地的图腾之时，她当场泣不成声，情绪得到了宣泄，在宣泄中表达了多年来从未对妈妈说出口的情感。以前她曾试过回到家乡从小成长的文化环境当中，也试过她自己回去见爸爸妈妈，还试过站在为人妻为人母的立场上去体谅父母主动缓和，但这些努力都收效甚微。后来在这次心旅伴的旅行中，她 30 年来的心理创伤被疗愈了，现在她一下子释怀了。

此外，有仪式感的冥想和祭拜，能让人突破心理防线，接受现实。举例而言，之前研究生班的人去山西大槐树游学，当时的主题是“大槐树寻根之旅”，当时参与活动的人员中，有三个是被抱养长大的孩子，到现在还不能接受事实，来参加心旅伴之前做不到开口对着自己的养父母叫一声爸爸妈妈，但是他们参加完心旅伴回去之后就做到了，他们把心里的隔阂拿掉了，所以就自然而然地实现了心理上的疗愈。

旅行中能暴露出人性的弱点和缺点，有的人可能会做出在平时生活中根本不会做的行为。举例而言，笔者有一位网校的学员，在本身的生活中是一位端庄美丽、大方优雅的女企业家，但是在心旅伴的某一次就餐的过程中，服务员少上了一份饭，之后在等待服务员补齐这份饭的过程中，她突然没有把持住，做了一个可能连她自己事后也不愿接受的行为：她跑过来要笔者手里的这份饭，并且表明她是付了钱的，应该享受到应有的就餐服务。这个行为，她在平时的生活和工作中不可能做得出来，但是在旅行的过程中展现得一览无遗。

这次旅行回来，笔者在参与在北京召开的心理学家大会上，遇到了当时正在担任台湾 ERP 企业服务协会会长一职的一位教授，他了解到笔者常年驻扎在内蒙古做心旅伴的项目，也了解到笔者为一些大型企业兼职担任人力资源，联想到其单位的老板正在为管理和选拔人才而一筹莫展。待他了解到心旅伴这个模式之后，强烈建议企业高管也组一个心旅伴的团去旅行，当然，整个过程都会有心理导游、后勤人员、医务人员的陪同。只需七天的旅行时间，老板便能看到旅行中各个人的表现，看到大家平时生活中不太会表现出的人格特质，这样一来，老板就知道公司需要聘用哪一位员工。

关于旅行中表现出来的夫妻相处模式，笔者在呼伦贝尔带的一个心旅伴团队给笔者留下了深刻的印象。刚选好址，成员们有空的都在帮忙搭帐篷，有一对夫妻成员，其中的妻子在干活，这位丈夫拿着席子朝搭帐篷的方向走去，就在众人以为他会加入团体劳动的时候，结果这位先生把席子铺在地上直接躺在上面晒日光浴睡大觉了，其妻多次劝其帮助搭帐篷而无果。当时在场的很多人感慨是什么样的感情能支撑这位妻子跟她先生过一辈子的。

在一起旅行的过程中，夫妻双方就生活习惯、消费观念、审美品位等进行磨合，所以笔者在此比较倡导的是，结婚之前，情侣们最好先跟团出去旅行，在这个过程中，在线路规划、住宿安排、景点体验、付出程度等方面都能增加情侣之间的了解和互动，也为双方做出是否结婚的决定提供参考。因为如果仅是两人出去旅行，你侬我侬的过程中会存在一些“甜蜜的假象”，但如果还有团体中的其他人员和社会关系的介入，这其中的气场和氛围会有所不同，情侣双方的体验也会不同。举例来说，如果一对情侣跟团旅游，其中一人在其中移情别恋了，这就是真相，这趟旅行检验出来这位移情别恋的恋人，其忠诚度不够，可是“塞翁失马，焉知非福”？所以，可以将婚前组团旅行纳入婚前必经的过程之一，积极地感受两人的相处模式，观察恋人在旅行中表现出来的恋爱品质以及其他特质，会更有利于识别彼此感情的真诚度，同时也在体验和分享的过程中更了解对方。

心旅伴是带领成员们走进自己内心世外桃源的一次旅行，去游览一个美轮美奂、壮丽恢宏的景致，通过体验和冥想，看到了自己心中的世外桃源，气氛良好，诗兴大发作一首五言或者七言绝句，对仗工整、意境优美，读者品味完顿时拍案叫绝。这便是当场感受的乐趣所在，体验深刻便容易进入内心桃源，也是心流的高峰体验。

笔者组建的本会团体导师班，首届班长是一位女士，那次她带着女儿和旅行团，随笔者带领的心理导游培训班游呼伦贝尔。在笔者给心理导游进行培训活动的过程中，一位共同带队的德高望重的老师，带着那位班长女士的女儿在一旁体验大自然。他们抓到一只蚂蚱，小女孩当时的反应就是恳求老师："张爷爷，我们不要带走这个蚂蚱，这里是它的家，张爷爷我以后会照顾你的。"在场的很多大人听到都特别受触动，因为小孩子的话语是最单纯、最真诚的。这次呼伦贝尔草原行中，感触较深的成员，在不知不觉中就走进了自己心灵的世外桃源。

第四章

关于心旅伴的技术

前几章我们谈论了心旅伴的背景、定位、由来、定义、分类、理论基础及态度，那么本章，让我们来探索心旅伴的技术。

一、主题设计与线路规划

心旅伴在严格意义上来说不同于一般的旅游形式，其中涉及的领域跨心理学、旅游、文化、生态等，所以其路线设计也是需要精心规划的。如果要做到效果最好、体验最佳，那么就需要主题适合、活动匹配等各方面的精心规划。

（一）主题设计

2016 年设置的心旅伴私人定制版本的“我和草原有个约会”系列心理旅游活动，当时策划了七个主题，它们分别是：高考之后去旅行，告别单身训练营，快乐成长特工队，全家总动员，妈妈去哪儿，我们的队伍像太阳，让心情在阳光下跳舞。

1. 高考之后去旅行

高考之后、读大学之前，可以参加的一次心理调适的旅行团。孩子们从小学初中高中十多年紧张辛苦的寒窗生涯中跳了出来，形式上是解放了，可能心理上还是需要释放和调适，并展望一下未来，为大学的学习生活做准备，所以这个“高考之后去旅行”活动就像一座承前启后的里程碑，充满了仪式感和意义感。

往往家长在这个时间段都会安排孩子去旅行，但是亲子游又没有空闲时间，让孩子自主出游或者跟着旅行团都不放心，所以，心旅伴的“高考之后去旅行”的小型私人定制旅游，给了家长一个很好的选择。参与这个团的游客都是高考后的学生，三五成群，旅行同伴都是同龄人，不存在沟通困难。在旅行中，就孩子们高考完之后的心情做一个梳理，通过认识自我、人际交往、生活适应、迈向未来等一系列主题活动，潜移默化地正面影响孩子们。

在操作过程中，主要以玩游戏的形式来开展，不以任务、教育、上课等字眼或者形式来做活动，否则容易引起同学们的抵触。寓教于乐，不说教，旨在于游戏、活动、分享中让孩子们懂得成长的意义。

2. 告别单身训练营

第二个拟定的主题是“告别单身训练营”，实际上就是爱情旅行团。因为做爱情旅行团，所以笔者最初的计划地点是康定，《康定情歌》中的康定，寓意也很贴切我们爱情的主题。可以选定 15 位单身男生，15 位单身女生，在旅途中通过各种主题活动的开展，引导大家学习与异性交流的方式和技巧，培养沟通能力，提高情商，也是给当下忙于工作的白领们跳出日常的人际圈去认识新的朋友的可能性。

其目标一般分为三个层次，初级目标围绕着两性关系方面，需要学习爱情心理学的相关实用的小知识；第二层次的目标是关于自我认识方面的，对自己在爱情方面的心理状况做一个评估；第三层次的目标是自然推动心旅伴成员有可能的心仪与牵手。在爱情旅行团中，这三个层次的目标，实现一个层次就算作成功；如果能实现两个层次的目标，那就是一大进步；如果能圆满实现整整三个层次的目标，那就可以为此次旅行打满分了。

为了促成上述三个层次的目标都实现，笔者的团队也会进行一些努力和干预。首先，参与这个旅行团的人员将是经过严格选拔的，在气质类型、恋爱动机的强度、爱情价值观、年龄匹配等方面经过层层筛选；其次，在活动设置上，需要布置有恋爱氛围的场景、进行有恋爱仪式感的活动、布置一些需要男女互相合作才能完成的任务；最后，还要策划集体分享心得的篝火晚会，篝火晚会之后就是自由的当面告白的环节，也算是为此次心旅伴做一个总结。

笔者相信，不论最终有没有牵手成功，这些参与过心旅伴爱情之旅的朋友们，都会在爱情的自我认知和沟通技能上有所突破。

3. 快乐成长特工队

接下来第三个主题是“快乐成长特工队”，其最初的主题叫作“青少年潜能发掘旅行团”。笔者团队中有一位教师，从事这方面的工作很有经验，她在呼伦贝尔的海拉尔建立了一个青少年潜能训练基地，里面吃住行的各种生活设备都有保障，专门用来做青少年的潜能开发和心理调适。

这个青少年特工成长队在七个主题中是运作得最为成熟的，通过一段时间的探索，开发出来了一系列的积极心理品质训练模式。有让孩子们进行野外采摘的活动，培养他们自力更生的能力；也有一些生存挑战的项目，比如钓鱼、捉兔子等技巧性和趣味性兼备的活动，还能培养孩子们的耐心和专注力。长此以往就能形成常规的、系统的青少年体验课。在参加这些旅行体验后，孩子们更加独立和坚强了，这个快乐成长特工队的主题活动，深受家长和孩子们的喜爱。

4. 全家总动员

第四个主题是“全家总动员”，也是家庭情感培育旅行团。

设计这个主题的初衷在于，夫妻关系是家庭关系的核心，要想家庭和睦，就要调节好夫妻关系。考虑到中国家庭式的夫妻相处模式，有些家庭中，男人在外拼搏赚钱养家，女人在家带娃洗洗刷刷；还有的家庭中夫妻双方都拼命工作疲于挣钱，带孩子的工作丢给了爷爷奶奶。不论是何种情况，都会存在着这种情况：夫妻双方为了孩子的教育和生活殚精竭虑，很少有真正的沟通感情的浪漫时光。所以当孩子十多岁，稍微有一些自理能力和学习能力的时候，夫妻便可以将注意力从孩子身上转移到对方身上，夫妻便进入第二蜜月期，可以通过这个主题的旅行，梳理问题、解决矛盾和巩固感情。

如果一个家庭自主旅游是个不错的决定，如果多个家庭一起参团旅行那也是很好的选择，这样一来，不同的家庭之间可以互相交流育儿方法、学习夫妻之间的相处之道，也会通过别的家庭中的不和谐的一面来反思自己。这样的一个小型的以家庭为单位聚集在一起的团体，类似于古代的群居模式，每个家庭都能看到另外家庭的好与坏的方面，这样能促使自己去重新定位并进行自我调整。

家庭成员之间，比如父子之间平时缺乏交流，在特定的自然环境中，在精心策划的活动任务下，可能会敞开心扉，进行不同以往的深度交流，比如，孩子可能在给爸爸读信的过程中泪流满面，与爸爸一抱“泯恩仇”，忘记之前的对抗和叛逆，重新看待对方。夫妻可能在氛围浪漫的烛光晚餐和舞会中，重拾当年热恋的感觉，更加珍惜这段来之不易的婚姻关系；这些类似的事情时有发生，最后，在旅游中便自然而然地促进了家庭和谐。

5. 妈妈去哪儿

有一档综艺节目叫作《爸爸去哪儿》，节目中四五组父亲带着各自的孩子一起旅行。那么，我们为什么不做“妈妈去哪儿”的主题活动？亦可称之为女性重塑自我旅行团。

因为孩子高考后读大学了，独自奔赴自己的前程，一些常年陪读的母亲开始无所适从，她们需要重新找到自己的价值感，需要确立好自己的社会地位，以实现经济独立和人格独立，这样才能保持自己的魅力与活力，不再是过去那个泡在柴米油盐中围着围裙的黄脸婆，也不再是担心另一半出轨而夜夜失眠神经质的可怜虫，而是有自己的圈子和规划的独立的女性。

所以这个女性自我建设的主题很重要，也很有社会意义。

6. 我们的队伍像太阳

心旅伴就是以公司员工边旅行边做心理成长活动而产生的，所以主题选定中必定会有企业团队心理资本的建设旅行团，即“我们的队伍像太阳”的主题活动。

公司企业与旅行团合作，邀请心理导游给参加旅行的员工们做相关的主题活动，旅游的级别至少是心旅伴 VIP 级别的（第四级别），这个级别的服务便有点高于普通旅行了，游客们受到充分的尊重、不强制购物、食宿都是享受型的，还有专门的心理辅导人员和精心策划的主题活动，以及游玩的专业设施等。

一些高端企业的员工福利旅游，或者企业家组团旅游，就可以选择这种以总裁夏令营、自我成长营的方式开展的活动，绝对收获匪浅。

7. 让心情在阳光下跳舞

“让心情在阳光下跳舞”这个主题，其主要内容是让报名的游客们参与深度心灵成长。笔者之前组织的“西藏心灵成长旅行团”就是这个主题。这一种主题要招募的成员，必须是那些在自我心灵探索的路上已经进行过摸索的人，比如有的人可能去泰国修行过，有的人可能到印度学过心灵瑜伽，或者有的人在国内已经参加过类似的心灵旅行的活动，就这一类人可以参加这一主题的心旅伴。

这七个主题活动是笔者团队当年划分出来的主题分类，其实还可以划分出更多的主题，但这七个主题足以涵盖各大群体的各个方面，是比较经典的分类模式。

（二）路线规划

1. 选择适合的群体

按照本书第五章对旅游的六级划分可知，心旅伴的初级是旅游中的第四级别，那么旅游的前三个级别的游客，如果其旅游的心理资本水平达不到第四级别的话，尽量还是介绍普通旅游团去接待他们。

首先，心旅伴的收费相对要高，且不以景点拍照和强制购物为旅游环节，如果游客的旅游心理资本水平还停留在前三个级别上的话，那么在心旅伴的活动过程中，这些游客是感受不到快乐和满足的。这是一个对双方都不利的选择，所以，心旅伴的服务对象，至少其旅行的心理资本水平是要有一个高度的。

在筛选心旅伴适合的服务对象的过程中，需要规避掉经济实力的绝对影响，还要更看重游客旅游心理资本的水平高低。用通俗的话来讲，不是能交上报名费就可以的，可以通过问卷调查对游客的旅游心理资本做一个评估，然后根据评估的得分确定其心理资本水平所对应的旅游等级，再据此给游客匹配相应的旅游服务项目。

其次，从心理导游的角度来讲，如果其旅游心理资本水平不够，且情商不高，若是旅途中发生一些特殊事件，则该导游的处理反应可能会让心旅伴整个环节的效果下降，最终游客们所得到的学习和成长便会大打折扣。所以，心旅伴的成功带团对心理导游的综合能力要求很高，这是流水线的学院培训难以快速培养出来的，这需要时间和经验。那么从市场的角度考虑，先不追求心旅伴的市场需求和成熟度，只要尽能力带好在能力范围内的心旅伴的旅行团即可。

最后，还可以根据爱好来组团，比如说喜欢摄影的，喜欢音乐创作的，喜欢野外生存的，等等，心旅伴可以结合兴趣的主题聘请相关的专业人士随行。专业人士、兴趣相同的游客、心理导游、后勤人员，这就是以兴趣为主题的心旅伴旅游团体的人员组成情况。相信旅游完，游客们从专业提升、眼界开阔、心理调适等方面都能得到收获。

2. 线路与游客的匹配度

前面略有提过这个话题，即根据游客的心理资本水平不同、年龄阶段不同、旅游目的不同，通过事先在已报名成团的游客中进行电子问卷调查，以微调的方式对主题对应的已经系统化的线路进行改进。线路内容要跟游客的年龄阶段吻合，“00后”的游客，便不能按照“70后”“80后”“90后”的游客的需要去设计线路，要加入一些符合其年龄阶段的主题活动，比如设计真人CS的对抗小组赛环节，而不是设计老年disco或者蒙古族的风俗仪式观摩活动，这就是说要在设计上匹配游客。

举例而言，爱情心理之旅的地点如果设定在康定，在这个具有爱情文化背景的地点，所设置的七天的线路旅行图可以叫“爱情大碰撞”或者“爱情大舞台”。

每一个技术和体验的环节都在不同的地方，可以设置爱情讲堂，以讲解基本的恋爱沟通技巧，探讨恋爱男女的心态问题。如果按照媒体录制爱情真人秀节目的标准来比较的话，我们这个爱情心旅伴还是略有不同的。心旅伴的爱情旅行是24小时立体的，男男女女的游客在真实的陌生环境中，展现和探索真实的自我的同时，不用迫于真人秀节目播出后观众的压力而违心作秀，所以它是真实的、现时的。游客们可以在接触中体会到心动并挑选出适合的人选，以追求真正的灵魂伴侣。

3. 三线合一

现下可开发的线路不胜枚举，针对不同的人群去规划不同的线路时，有三个方面的线路需要考虑到：风景线、文化线、心理线。当初设计呼伦贝尔青少年系列草原游的时候，笔者团队手绘过一张线路图，风景地点用脚印标注并用绿线相连，文化地点用书本标注并用金线相连，心理地点用红心标注并用红线相连，共设置了风景线、文化线和心理线三条线。往往这三条线路合并为一是最为完美的线路规划，以风景线为实线，心理线和文化线为虚线，三者互相融合为一体，那么，游客在旅游中便能实现多方位的体验和收获。

举例而言，在呼伦贝尔的“高考之后去旅行”这一主题的心旅伴旅行团，可以总结出七大特色，具体包括：

①美得像人间天堂。呼伦贝尔大草原是人人向往的美丽天堂，学生们在高考之后，在年少之时能来此体验草原风情，会让其眼界大开、记忆终生。

②悠闲度假式旅游。全程没有强制购物，每天至少节约两小时，同学们可以不赶时间，悠闲地驻足、漫步和游览。

③筛选参与制。并非每一位申请者都能参加心旅伴，且筛选接纳率控制在 60% ～ 70%。全程中针对景点设计了若干心旅伴锦囊，大家也可按锦囊的知识或者主题活动，去体验和成长。还有心旅伴团队优秀的心理导游全程陪同服务，使游客们和每一个风景都能产生互动，发生故事。

④蒙古包住宿体验。体验一代天骄成吉思汗的少年豪情，会

对自己的未来更加有信心和方向感。

⑤朋辈分享交流。来自全国各地 30 个与你年龄相仿、挑战相当的年轻人，在分享中讲述各自不同的成长故事，大家一起在草原上打滚，在游历草原牧落的旅途中倾诉，在惺惺相惜和相见恨晚中收获意想不到的友谊。

⑥文化的冲击与灵感。游客会体验到不同文化所带来的文明，以及学会跨文化思考，无论你是理性还是感性，这里都适合你们。

⑦量身定制，用心打造。这是专门为高考学子量身定制的一次旅行，全国独家限量发行，前期的准备工作已经做了科学的研究和实地考察，根据访谈国内几十所大学心理健康中心学生处负责人获得的第一手材料来进行规划，让你成为这个世界上独一无二的。

这七大特色只是针对“高考之后去旅行”的主题，其他主题的旅行也都有特色介绍。这些服务很有特色和感染力，相信家长们都会很愿意让孩子们去进行尝试和探索的。

4. 合作与保险方面的问题

做任何项目，都需要考虑资格问题和风险问题。心旅伴的导游培训能解决带团过程中的能力资格问题，但是程序上的资格问题，则是需要考虑的现实问题。如果没有旅行牌照，则一定要跟旅行社合作；如果想要将旅行的交通意外等风险控制在可承受范围内，也需要旅行社提供相应的保险服务，这个风险意识也是心旅伴项目需要具备的现实意识之一。

比如说某些野外拓展公司，其不管是外训项目还是拓展项目，考虑最多的还是安全问题。安全人员和相应的安全设备都要齐全，保险的合同和手续也要齐全，这便是和旅行社合作的便利之处。

（1）问题面面观——西藏之旅

回顾西藏之旅，当时笔者助手与成都的旅行社签约，之后把我们的接待工作交给了西藏的地接团，笔者团队带着游客飞去拉萨，落地当晚的见面会是在布达拉宫广场做活动。当时是以心旅伴的活动规划一步一步做的旅行设计，但是这段旅途的接待方旅行社并不了解我们的活动流程，笔者团队由于经验不足，在这些方面跟旅行社没有做好沟通，所以当时的地接旅行社就把我们当成了常规的旅行团，于是这中间就出现了分歧。对方旅行社的司机和导游，每天想的第一件事情就是怎么从咱们的心旅伴旅行团中赚到钱。要么想着带动购物消费以求多拿回扣；要么想着少去景点减少门票消费以赚取中间省出来的费用。这种情况最后以笔者投诉维权而告终，于是跟司机和导游结下了梁子。

但是他们通过跟车的过程中对我们的观察、了解，到和我们一起参与“大篷车之旅”，到最后的“卡拉 OK 夜”的道歉和冰释前嫌，这一切都得到了解决。这其中有许多的冲突情境，有心旅伴成员们内心的成长冲突，有心旅伴领导者们和导游司机的互相不理解产生的冲突，也有笔者作为带领者与成员之间的冲突，情况复杂，幸好最后在体验完所有的活动，分享完所有的心灵感悟之后，这些冲突都得到了很好的解决。

（2）问题的解决——呼伦贝尔之行

通过吸收西藏之旅的惨痛教训，笔者团队在呼伦贝尔之行中，以事先干预的方式解决了这方面的问题。主要的方式是与旅行团深度合作，适量地多花钱解决了这一系列的问题。

笔者团队作为具体的策划方，首先让旅行社的领导人知道心旅伴是一个特殊的团，届时旅行社那边指派的导游也会不同于普通的“买买买旅行团”的导游。其次，在正式开始旅游之前，笔者团队必须跟司机和导游亲自面谈，当面解决一个问题，那就是告诉他们此时所接的心旅伴的团要如何开展活动，告诉他们我们成团的意义和目的。笔者代表心旅伴提出我们对导游和司机服务的诉求，且在双方可接受的范围内给予导游和司机一些经济上的补贴，以达成双方愉快的合作。

二、冥想放松的训练技术

涉及具体的心旅伴的技术，我们先讨论冥想放松这种训练技术。如果要用冥想放松的技术，可以让心旅伴的游客躺在草地上，做一个放松训练。可能放松训练之前的游客们，其自身带有身体预警和心理预警（即随时对抗外界突发事件的准备状态），处于这种预警状态的人一般都比较焦虑，那么在正式进入心旅伴的主题活动之前，我们用这个冥想放松的技术，将其预警状态解除，进而达到身心放松的状态。

你可能认为这个冥想放松技术，就是一种团体心理咨询和治疗的技术。事实上，上述的冥想放松技术是来源于团辅技术，但两者略有不同，因为心旅伴的冥想放松环节加入了大自然的因素。如果只是室内的团体咨询或治疗，那可能是对着头顶的水晶球幻想宇宙无穷无尽的能量，让团辅成员想象有一束能量之光，进入自己的身体并给予自己力量，接着开始放松。这是团体咨询和治疗可能做的关于放松训练的引导语。而心旅伴则略有不同，其不同就在于游客此时此地正置身于大自然，身边的广阔草原和鸟语花香，都可以被清晰地感知到。微风拂面，水流潺潺，宇宙、天空、大自然中蕴藏着的无穷能量都可在当下被感知，不用去想象，也不用通过能量球来连接大自然，而是直接感知。这种区别就好比躺在这个草地上和躺在家里的床上，人们体验到的大自然的能量值是完全不同的。草地是人与自然互动和联系的中介载体，用心体会，便可以感知整个自然和宇宙，这个时候的状态是最真我和放松的。如果此刻的环境中，有深山古寺，或有神树圣湖，这些文化图腾蕴意的自然力量就都能被用于成员们的心理成长过程。将大自然以及自然背后的文化力量加以利用，这个技术可以被称为文化心理技术，也可被称为自然心理技术，亦可被称为生态心理技术，但最准确的定义，笔者认为是旅游心理技术，因为其产生于旅游，也用之于旅游。

我们对技术应用的误解可能在于，爬山时用过的工具在下河的时候就不能用了。但事实上笔者以前学习的心理学的理论和技术，现在在心旅伴的领域一样可以用得上。技术还是不变，只是需要根据具体的情况做一些改动和创新。比如战场上，要根据对方占据的地势、装备情况采取灵活的战略，瞄准的手法还是平常惯用的手法，只是方向、姿势不同，但只要能击败对手，达成目标即可。所以说，无论之前学习的是什么理论和技术，其实在心旅伴中，都用得上。

也许还会有人在形式上笃定心旅伴就是团体咨询与治疗，但其本质上已经不同。举例而言，在美国的街头遇到中国人、日本人、韩国人，表面上看着都是黄皮肤黑头发黑眼睛，难以区分各自的国籍，但只要一开口说话，便很容易区分了。而对文化、微表情等研究深入的专家，甚至通过其内隐的文化（衣着、站姿、行为习惯、体态等）一眼便能辨认出这几个人各自的国籍。

三、感官体验技术

人的感官包括眼、耳、鼻、舌、身以及心理感觉这几大方面，各方面的感觉统合，再与经验共同作用，最后形成了知觉和体验。如果对这几个方面的感官体验做一些控制性的活动条件设置，则可以产生不同体验。同时，关于这几个方面的感官的说明，在不同的角度，还有不同的看法。

俗语有言：六根清净。对应的六根不清净之时，佛家、道家都有一个“六贼”的说法。

王阳明先生说，破山贼容易，破心中之贼难。我们作为世俗之人，周遭的环境吸引着我们启用感官来进行体验。耳朵是用来欣赏美妙音乐的；舌头是用来品尝可口的瓜果饭菜的；双手是我们触碰周围物品并产生知觉的主要途径……所以眼、耳、鼻、舌、身、意是为“六根”，相对应的色、声、香、味、触、法是为“六尘”，如果在这“六根”和“六尘”中产生了妄想或分别执着，就变成“六贼”了。

心旅伴中的“六灵”

若将“六贼”的说法引入旅游心理技术的范畴来考虑，便不需要像佛家道家一样抵御“六贼”的影响，因为世俗之人无须修行，也无须恪守佛家的清规戒律，我们带着心理学旅游是为了开心快乐地体验生活的意义，是为了吸收外界能量转化为自己内心的力量。所以在旅游的范畴内，“六贼”对于我们游客而言，具有积极的意义。

在心理旅游当中，如果能让这“六贼”不仅仅是“偷取”我们生命中的能量，而是做大自然的能量搬运工，将自然的能量赋予当时当地体验的人们，那么这“六贼”便转化为了积极的形象，笔者称之为“六灵”。

这“六灵”对应的也是眼、耳、鼻、舌、身、意六个方面。通过结合“六灵”的原理，在心旅伴的主题活动中，我们便可以用多方面的具体的技术给游客们带来不同以往的体验。

1. 轮流抑制性的感官体验

心旅伴旅行团设定为七天的旅游活动时间。“六灵”对应眼、耳、鼻、舌、身、意六个方面，旅行团一共分为六个小组，每个小组每天有一种感官被限制使用，比如 A 组的成员第一天不能用眼睛看外界，白天都要蒙着眼度过；B 组在游览的过程中带上防噪音耳机；C 组限制嗅觉方面，只能戴着口罩或者远离一切气味强烈的食物或花香；D 组是喝一天白粥；E 组是尽量阻绝其小组成员与其他成员的肢体接触和与大自然的触碰，除了基本的生活需要以外，尽量减少与社会和自然的肢体交流；F 组是让小组成员放空一天，不做深度的内心探索，这一天中俗事琐事都抛在脑后，放空心态而游。

如此，六组在六天中轮流做不同感官的抑制体验，每天晚上解除限制，并进行分享与交流。第七天撤去对感官体验的抑制，全身心、全感官畅游一天，当晚做总结性的分享活动。因为这是一种抑制感知而使人产生新体验的过程，比较特别，所以每位成员都会有比较深刻的不同以往的体验。

人是有灵性的，笔者团队有试验过“六灵”感官抑制的技术，那是用在某次的团体心理辅导的三个小组中。每位成员要完成一项任务，有人扮演四肢瘫痪者，有人扮演盲人，还有人扮演失聪者，行动障碍、视力障碍和听力障碍这三种障碍的人对应三个小组，三组成员通力合作完成任务。活动中有成员内心冲突和体验太强烈，当场就直接哭了，场景震撼人心，让人印象深刻。

其实这本质上是用残缺的感官来改写一个人习以为常的体验，这与之前讲的蒙眼塞耳置于瀑布下的原理有些类似，都是不同于平常的体验。将用在团辅中的这种技术与旅途中的生态、文化等因素相结合，即借助旅途中具体的景点事物与其背后的当地故事等有意义的符号去对游客的感受产生影响，其实是旅游生态的心理技术。

2. “六灵”感官最大化体验

另一种体验方式就是最大化体验，与抑制体验的方式相反，方式是开发式的。即六天的主题活动日中，每一天要求游客们特别注意一种感官体验的使用，比如说第一天主打用眼，即要求成员们要比平时更加细致和频繁地用眼睛观察景点和旅游同伴，总结分享中要讲出之前没有发现的十个细节，并分享其心得；第二天便是主打用耳朵，聆听大自然的各种声音，分辨方位和来源，还要听出与之前不同的体验；第三天是主打用鼻子去体验，可以闻草香，甚至是闻马粪，在不停地探索中判断出来十种味道；第四天主打用舌头品尝味道，可以尝试之前没有吃过的食物；第五天主要是身体的触觉感受，可以尝试与旅游同伴拥抱或者握手，也可以尝试用皮肤感受微风，用手触摸亭台楼阁感受其文化的力量，赤脚在草地漫步感受大地的厚重，等等；第六天为意义体验日，这一天内，成员们要尽量在内心多感受大自然、旅伴等传达给自己的信息，多在内心做探索。

如果通过“六灵”这样的心理技术，游客们配合着将手机等虚拟网络设备抛在一边，尽情投入这一系列的环节中的话，那将产生很多记忆深刻、体验良多的内心冲击，是不同于传统意义的旅行方式的。

四、旅游心理技术背后的文化符号体系

旅游心理技术是心理学应用于自然的中介和桥梁，在何种场合选用何种技术，这受到当时当地的文化符号体系的影响。所以全面讲解旅游路线和深入探讨技术之前，先捋清文化符号体系中比较重要的几个点。

（一）面对自然力量，保持谦卑心态

笔者曾经做过关于“柏树王”的主题活动，主题为：生命的意义。

当时有一位成员最后的分享让笔者印象深刻，该成员涕泪满面地表达了其内心的领悟：我一直觉得自己很了不起，但这次的冥想交流后，我感受到自己在柏树王面前的渺小和卑微，我的生命短短几十年，与一棵树的寿命相比根本不能相提并论，更何况是面对大自然。很多人面对大自然还觉得自高自大，认为人类才是大自然的主宰者，其实不然。所以，生而为人，必须要谦卑，对人、对事、对自然，保持内省的、谦卑的心态才是对的。

这是一种深度的体验和成长，如果一个人能做到真正的谦卑，那么他无论遇到什么磨难，结果都会是好的。狂妄一些可能就会直面伤害，柔弱一点可能施展不出才华，但是心态谦卑，保持努力，事情总会有好的结果。

那么我们在旅行中看到这种文化符号，比如上述的纳木错湖、玛尼堆、柏树王，这些事物为什么会给人心灵以冲击和洗涤？因

为它们都是文化符号的一种外在表现，我们伫立在纳木错河畔、围跪在玛尼堆前、冥想在柏树王下，只要用心体会这湖、这石、这树，我们就能进入一个文化的世界，这也是人之所以不同于飞禽走兽的区别所在。

（二）解读表象隐藏的意义

人类生活在一个物种繁多的世界中，人与人的相互沟通以及人对世界的改造，打造了人类聚居的社会，而其中的核心就是文化。

1. 个人背后的符号系统的解读

想要全方位地了解一个人，只是熟知其浮于表面的基本资料、站姿睡姿、语言风格、行为表现等是远远不够的，我们还要了解此人背后的文化符号体系。能解读到其语言或者行为等表象背后隐喻的意义，这才是真正的了解透彻。

举例而言，比如有人说话时总是昂着头，表面上看会认为此人受过形体训练，但这只是表象，说话的时候高昂着头，也有不屈不挠、不服输的内涵存在，这种性格的形成可能与其经历的教育有关，也与其独特的自卑和自尊的体验有关。再比如解读不同的人的发型中所隐含的当事人的性格特点，刘海盖住眉头，象征着压抑才智，那么这是一个含蓄不外露的人；如果男生的发型是大背头，女生将额头露出来，那么他们是善于表现自我的人。

所以人们的穿着、发型和肢体动作，总有其自带的性格特征或者教育背景的烙印的影响，一个人有独特的文化符号系统，那么一个由无数不同个体建造起来的景点或者地方，那绝对更加有其独特的文化符号系统了。

2. 了解景点蕴含的文化内涵

俗语有云“家近怕鬼，家远怕匪”，当地的人所感受到的当地的文化符号系统与外来游客所感受到的当地的文化符号系统是大相径庭的。

“家近怕鬼”说的是当地人对土生土长的村庄和山河都了如指掌，这条河有过什么事故和文化禁忌；那座山有过什么记载和传说；这座亭台楼阁有过怎样的名人游览过；那棵树经历过什么样的慌乱年代，这些都代代相传在当地人的脑海里。

但这里的一草一木，对于外界初来乍到的游客而言，都是新鲜的、好看的，表面上看着都只是蜿蜒河水、青翠山丘、名胜古迹、神圣老树而已，而这些景致背后所含的历史血泪和微笑，都不曾被这些游客接收到。所以，心旅伴要做的另外一项工作，就是通过语言和文字介绍，通过游客们亲身体验当地的艺术表演或者参与当地人的一些日常活动，与当地人对话，去深入感受当地的文化和历史，这样就有可能使游客走进当地的文化世界。

“家远怕匪”指的是游客在陌生的环境中的不适应状态，其中有对当地风俗的不了解，也有对当地自然环境的不熟悉，如果当地文化特色或者宗教信仰的气息很浓厚的话，那么有一些平常在自己文化里习以为常的行为却会犯了当地的禁忌。不过这些都会随着心理导游的讲解以及游客主动的了解而得到克服。

（三）打造产业化的文化之旅

心旅伴的工作，就是用技术带领游客们走进当地的文化符号系统，走进这个不同于平常接触到的文化的世界。

所以风景区或旅游公司开发某个景点的时候，需要将当地的名人故事、名人传记、名人精神等自然而充分地融入这些景点，尤其是那些深含人文内涵的物件或者场景，更要着重解说和体验。甚至包括名人的出生之地、求学之地、功成名就之地等关键性的场所，地点选定之后，只有标语和硬件上的改造是不够的，即在修缮古迹以及建立相关的纪念场所之后，还需要加入相应的文化符号，赋予一些物件以历史和意义。如果把这些贯穿某位名人一生的地点联合起来，做成以这位名人为专题的“××× 成长之旅”，把其一生的故事、理论、精神，分别按照时间顺序对应地呈现在各自的地点，那么这一条旅游路线就有了灵魂。比如说，按照上述的思路，我们可以打造一条“跟着孔子周游列国”的旅游路线，关键的景点都设有孔子学堂；可以打造一条“五岳山脉接力游”的旅游路线；也可以规划出严格还原历史上“丝绸之路”的精准旅游线；甚至能够以心旅伴的名义和号召，带旅行团的成员们花几个月的时间重走“唐僧的取经之路”。在路途中可以借助自然之力、信仰之力、自愈之力帮助成员们参悟生活和自身。

心旅伴是不断向前发展的，通过研究孔孟之道、四书五经、唐诗宋词元曲、四大名著等这些中华传统文化巨著，我们可以汲取能量和知识，再在旅途中结合当地的文化特色，发展和创新出具体的旅游心理技术，这将是今后心旅伴要做的努力之一。

（四）集体无意识中的文化烙印

一般的评价别人的方式，是从体态样貌、衣着品位等外在方面入手的，而且第一印象也很重要。但如果要做好心理导游的工作，则需要了解游客们外在方面背后的一些信息。首先，可以从受教育程度、成长环境、性格和气质等判断出其心理资本水平；其次，再结合文化系统的因素，对其在不同环境中的大致行为表现做出一个预估。

有人认为心理学家对人们行为或者心理想法的推测的准确程度有时候堪比算命先生，这里面有一个微妙的误解。心理学家的这些“预测性”的结论，并不是民间传统的看相摸骨，而是通过研究行为和心理活动关系，通过动机与行为的关系，通过知、情、意、行，通过访谈、观察和统计的这些方法，最终得出的结论。

基本上，理解了一个人行为背后的文化符号之后，对其行为所表现出的教养水平、文化素质、性格等方面就了然于心。举一反三可知，对某一种文化比较感兴趣，那么连带着对这一种文化对应的语言的学习也会更快更轻松。因为语言是文化的载体，每个人说一种语言时候的语气、构词等语言风格，都是通过与其有关的当地历史和周遭文化长期的洗礼而形成的；特别是一些接地气的昵语、脏话、俗语、礼语、俏皮话、歇后语等，最容易出现在一个地方的民族文化和当地人的集体无意识中，这些都是在老百姓与大自然互动过程中沉淀下来的。

所以，在旅游心理技术中，与其说是利用圣湖、森林、草原的文化力量，实际上不如说是这些自然景色背后所象征的文化，也就是环境与身体的互动，文化与心灵的对话。我们的集体无意识里都有一个文化符号系统，人类进化中有文化基因遗传的作用，当我们进入了所属族群的历史文化系统之后，这个集体无意识的从集体到个体的中间断层就联结上了。

1. “水”——最基本的文化符号

我们需要了解基本的文化符号，比如山、水、河流和湖泊等代表的意象。心旅伴与绘画治疗的区别就在于，绘画治疗是拿着纸笔想象并画出来，但心旅伴是直接人在画里，或者在画里的河边驻足赏景，或者变成画里的市井食客。区别就在于，心旅伴是亲身实地地体验，而不是凭想象作画。

江河湖海，是自古以来在人类的文化中都会存在的一个意象。伊拉克的两河流域，中国的黄河长江，印度的恒河，凡是文明古国都有大江大河，没有水的滋养和哺育，就没有人类文明的诞生和发展。

对于个体的生存而言，固体食物没有水重要，机体的新陈代谢需要水，没有水，一个人活不了多久。水在人的生命里的意义太重大，这一点很形象地体现在现代求生探险的各类纪实节目里。

我国的建筑文化、书院历史中，每每也会提到金木水火土这五行，当中最为频繁的还是水元素。因为中华文化本身就是生长在黄河长江两大河域之上的。稻香鱼肥，人类依水而生，饱暖才有精力去创造文明，港口城市、三角洲地带、海岛之类的地点的文化往往才是最繁盛的。所以，每次心旅伴的旅行中，笔者一定会安排与水相关的旅行路线，要么地点的选择就在湖畔，要么项目的内容是痛饮山泉，活动的体验形式有时候设计为泡天然的温泉。坚信水能给人力量与安抚，这是笔者从中华文化的集体潜意识中领悟出的一丝法门。

2.“复演说”——水在人类进化中的重要性

水的重要性也表现在其在人类的进化过程中不可撼动的作用上，人类从猿猴进化而来，而猿猴又是从两栖类动物进化而来，两栖类动物则是从海里的单细胞动物通过多少万年演化而来。所以，人类最初的来源是水。具体到个体人类的状况，从受精卵形成并着床，到婴儿出生的这段时间里，生命也是孕育在羊水中的。个体的生长发育，似乎也是在展示着整个人类的进化史。

这也是“复演说”的主要观点。复演说是由心理学家霍尔提出的，他接受了进化论和复演说的思想，将其运用到个体心理发展的学说上来，他提出了应该把个体心理的发展看作是一系列或多或少复演种系进化历史的理论。他认为，从种系进化史的角度来看，在个体生活早期所表现出来的遗传特性比以后表现出来的遗传特性古老，因此后者不如前者稳定和强大。他具体地分析了儿童与青少年复演种系发展的过程，胎儿在胎内的发展复演了动物进化的过程；出生后个体心理的发展，则复演了人类进化的过程。

如果个体发展的过程中某个环节出了问题，则可能会影响其心理发展。“复演说”认为的人心理的发展复演了人类进化的过程这个观点，给予了游客一些可能，这些可能性就在于：在心旅伴中，个体通过感受和体验当地的社会文化，与人类文明中的古老的、稳定的、强大的力量联结，再在主题活动中通过催眠、冥想等技术挖掘自己的内在情绪，进而挖掘集体无意识中影响自己生活的文化或者观念，以达到心灵的成长。在选取景点的时候，笔者偏爱那些少被人工雕琢的、未被流水线化的古镇或者少数民族聚集地，那里不只是自然山水比较地道，且其特色文化符号系统还保留着古老的原始的味道，这两点是很珍贵的。

3. 对文化的体验大于形式

笔者带团西藏心灵之旅的过程中，统共进行了四大主题的活动，分别是关系、情绪、父性、母性（虽然父性、母性从属于关系，但当时是从文化符号自我的角度去探讨的，故将这两点单独列出来，作为两大主题来探讨），这一趟旅行中的几大主题活动一路开展下来，也基本奠定了心旅伴的操作模式。

（1）心旅伴成员的心态建设

心旅伴的心理技术倾向于将文化、符号和风景与心理咨询的一些具体的技术结合起来。比如爱情心理之旅，其心理技术把两性咨询技术和当地风景结合，使游客从对自然的体验中产生一些感悟。且在这个过程中，心旅伴的成员也要练就一种心无旁骛的态度，即不在乎世俗眼光，不追求表面化的旅游，而是投入心旅伴的体验中，与旅伴们形成一个独立的心理场，走到哪里就体验到哪里。也不用太拘泥于何种技术，且体验的过程是与旁人无关的，可以凭感觉宣泄自己的情绪，要哭尽情哭，要笑放肆笑。

（2）多自然体验，少人工干预

心旅伴在主题活动中做的一些心理技术，也难以超越大自然的技术，所以把人工的技术靠向大自然，用通俗的话讲就是：坐着说教半天，不如体验一回再点拨。好比学习游泳，教练将基本的姿势、呼吸方法、手划脚蹬的方法都演示了，基础知识也做了详细说明，可还是不够的，只有让学员自己下水游过、呛过、体验过之后才能学会这项技能。所以在心旅伴的生态心理技术、旅游心理技术中，人工干预要少一些，以免打断大家的体验和冥想。

（3）在故事中体验文化系统

以逛圆明园为例，表面上看的是残垣断壁，如果对照着圆明园完好时期的图纸去参观和感受的话，也只是进入了情景中。情景可以通过物理的结构让人身临其境，而情景背后的文化符号系统是有内涵的。

要将游客们带入到圆明园的文化系统里去，可以通过讲故事的方式来进行，我们可以讲圆明园名字的由来，可以讲当初的工匠在建造圆明园的过程中发生的一些有趣的事情，可以讲一讲它在被列强焚烧破坏之前的盛景，等等。这样，游客的内心就被带进了圆明园的前世今生，那么在游客的眼中，圆明园似乎有了生机和灵魂，这孤单耸立的石墙雕花便不再是冷冰冰的物件，而是正在哀泣的历史和厚重的叹息，这样，游客便能感受到这其中传达的民族悲壮感和爱国之情。

故事将是旅游心理技术里最常用的文化体验方式。比如，游客们去石林中席地而坐，一起讲述和倾听石头的故事，然后再一个人坐在石头旁边，花十分钟闭眼组织一个关于石头的故事，之后进行分享。那么这里便有故事中蕴含的文化力量的碰撞和融合。再举例而言，在全民信教的不丹国的虎穴市游玩时，镇国寺庙是禁用一切拍照设备的，包括手机，心旅伴的成员们从寺庙出来之后分享体验，并写一封感谢信给生命中的贵人，向他（她）讲述游途中的故事，或者表达内心的感谢，这也是一种用故事表达情感、传递异国风俗文化的方式。

回忆你之前旅途中遇到过的优秀的导游，他们似乎都具备讲故事的技能，旅途中他们可能给你讲过一些让人印象深刻的风土人情，带你进入过故事背后的文化系统，然后与故事中的人对话和见面，那真是一场难以忘怀的文化盛宴。你会发现，原来世界上有人是这样生活的，从而眼界被开阔，心胸被打开，心灵更宽广。

（4）因地制宜选择不同的体验方式

冥想。笔者曾独游至高昌国的高昌遗址，此地如今属于新疆的吐鲁番市，史上的玄奘法师西行求法也有路过高昌国。此国相当于如今一个普通落后的县城大小，如此小的一个地界，却盖了几十间寺庙，可以想象其信佛的程度之高。

处在当时的环境下，笔者被佛家庄严的氛围深深地震撼了，于是入乡随俗地在一座寺庙中坐地冥想，想象历史倒退到当时玄奘取经走进高昌国时，熙攘的善男信女争相观瞻大唐人物的场景。这种冥想体验历史的方式特别棒。

这是属于因地制宜的体验方式，是根据出游的线路、目标的不同而创设的技术。所以说，旅游心理技术虽然有常规的形式，但实际上每一个旅行团的目标不同，所经历的风景线路、文化符号也不同，这就需要创造具体的、不同的旅游心理体验技术，所以对于真正的心理导游来说就更具有挑战性了。

第五章
心旅伴的实例分析

本书的前四章主要是理论性质的干货，捋顺了心旅伴中心理学的定位、定义，接下来探讨的是具体活动实例，在阅读前面这些类似于主食的干货之后，本章则更像是一种灌缝行为，即类似于饭菜过后七分饱之时摄入的营养汤或奶制品。

一、成员们的动机与投入

本节围绕着心旅伴中实际发生的一些现象、观点和特色来展开，这个实例分析的环节有点类似于“回炉加工”，将理论放进具体的操作环节中进行解构和重构，有时候能挖掘出操作过程的独特点来，也能为心理导游们的具体操作提供参考。

实例是三段实录视频，都是在心旅伴的活动过程中录制的。在心旅伴活动中，摄影师会将重点的部分以视频的形式记录下来。还有几个视频是当时广东电视台公共频道《万家灯火》节目做的3期3分钟的DV现场新闻。我们可以从这些实例的蛛丝马迹中找到技术提升的启发，以及给活动做一个回顾和点评。另外，本书是根据韦志中心理学网络课程中的《心旅伴：心理学在旅游中的研究与应用》这门视频课程写就而成，故而本章中会有几位参与录制课程的老师的感想表达，这几位老师也是一些心旅伴活动的参与成员，他们的感想最能反映成员们对心旅伴活动的认可度以及在活动中的具体收获。

（一）录像内容

这里截取的录像内容来自某期的《万家灯火》节目片段，笔者在活动中担任心理导游，是给团体成员们做团体主题活动的其中一个小环节。

心理导游：现在做第二轮的互选队友的环节。大家围成圆走一圈，我们继续观察，在这样的选择范围内，大家重新选择，但是不去想上次被选择的人重新选择的人是谁。有的人会做一些提示性的动作，强迫别人就范，像是“拉郎配”；还有的人会提前告诉被选择的人，如果不做回应的话，那么对做选择的人而言是一种压力。所以，人与人之间的关系从一开始就种下了种子，大家要互相尊重，也要坚持互动，坚持才能互选成功。

心理导游：现在等我发口令：预备开始！这个中间的时间差中，就会有人的选择发生变化。有的人就像刚才谈论的，最不会考虑别人的感受，大家会突然发现，自己有没有尊重别人的选择权，自己要不要直接接受别人对自己的选择，因为这样的成本低。来，大家转一小圈，再感受一下，好的，最后一步，停！现在大家是否还有勇气进行队友选择之后的自我开放？其实，在大家转三次的过程中内心一定有一些波澜，这个过程就像是生活过了三十年。当初大学毕业的时候，每个人都有梦想、勇气和信心，对吧？但是十年后同学聚会，有的人就会感到失望和迷茫。我们刚才转三圈，做这三次选择，且这一小会儿的三次变化，其实就相当于生活中的三十年了。这最后一圈转完了，我看看大家，时隔三十年之后，我们是否还有勇气做出最终选择。

心理导游：好了，大家安静。现在还有三个人，我看看会不会出现“神匹配”。这位成员的选择行为，表明了他愿意成全别人的选择。现在我做一个处理，比如说你们两个人互相选了，现在你们可以握着手，问对方选择自己的原因；原因表达完成之后，为了表达你们的真诚，现在告诉对方一个自己的秘密，是你从来没有告诉别人的一个秘密。互相交换一个秘密，就像小朋友一样贴着对方的耳朵说："我和你说一个事情……"那么现在开始分享吧。

（二）实录感想

韦老师：看完视频之后，先请启明星老师发表一下看法，因为他是当时那场活动的亲历者。启老师，你在看这一段录像的过程中脑海里想到了什么？你更愿意对我们网校的学员说什么？你觉得应该从哪些方面去看待心旅伴或者心理旅游团体？

启老师：第一天，我去到美丽的海拉尔，傍晚韦老师就组织大家去广场做这样一个活动，当时的活动主题是"原来你也在这里"。通过这个直接而简单的互动，我觉得当时整个场非常温暖。虽然当时广场的风很大，天气很冷，大家从视频上可以看到，但是整个活动玩起来后，大家都非常投入，也非常热情。从这点能看出韦老师把这种团体带领的能力展现得淋漓尽致。实话说，开始的互动活动，我的现场投入不是满分的，还是以第三者的视角在观摩这场活动；但是，后面的与母亲相关的那场活动，真的把我吸引进投入的状态中去了，体验到挺好的感觉，心理体验很深刻。一个简短的互动活动，能让我们这些来自五湖四海的人玩得这么开心，有一种大家庭的氛围。这次活动对于后面这几天心旅伴的活动开展和技术运用而言，是一个很好的开端。

（三）实例分析

一般按旅行社的约定俗成的说法，七天的团实际上就是五天，第一天时间花在去景点的途中，最后一天时间花在回家的路上，中间的五天用来旅行，但是其收费就是按照七天来算的。由于心旅伴七天团的活动，五天的时间难以完全做完，所以我们的团是实实在在的七天旅行。

1. 成员们与时间同行的重要性

心旅伴这七天的旅游，是一个心灵成长的滋养过程，成员们最好要进入此时此地，即达到与时间同行的心理进度和状态。这样就要求心理导游对于团体成员是否能够进入当下做逐一的提前评估。心理导游要用开放的、接纳的和尊重的态度去看待每一位团体成员，而成员们当下在群体中所表现出来的都是真实的自己，不论这个真实的状态是不是有助于团体成长的，导游都要接纳成员们的真实表现，但是又不能接受成员们的这种状态一成不变，如果成员们保持着毫无进步的投入状态继续参与到活动中的话，那么，成员们就无法获得对自己正确的认知和更新。

如果某位成员无论在任何群体中进行活动，其投入度都不高的话，那么他可能一直用旁观者的视角在进行理性的观察，这样其实是不利于他的成长的，那么他报名心旅伴和报名普通旅行团其实没有什么区别。在这方面来看，心旅伴的任务比普通的旅行团的任务要重。普通的一个旅行团只考虑到安全、吃饭、住宿，但是心旅伴不同，带队的心理导游要考虑到每位成员能够与团队的时间同行，这里说的时间，就是心旅伴团体的时间，意思就是希望成员们都能进入团体的场里面来。

2. 关于成员参与心旅伴的动机

录像的时间节点是九月下旬的傍晚时分，大家集结到成吉思汗广场，举着旗过去做一个初次的热身互动。当时在海拉尔，那个季节的天气很容易就降温下雪，时间比较紧迫，路线的安排是赶在下雪之前到草原上望一望泛黄的草，感受一下秋天的景色。前文已经论述过，心旅伴的技术往往是生态心理学技术，包括人与社会、人与自然、人与自我、人与生理，旅行中，我们开发的旅游心理技术也围绕着这四个维度展开，当时在成吉思汗广场的空地上做这个活动，主题是“原来你也在这里”和“生命中的贵人”，这两个活动中所用的技术和室内开展的心理学的技术已经有所不同。

其不同就在于心旅伴的活动是在建设一个社会生态，让成员们首先进入这样一个临时的小型社会里，通过交互而重新看待自己和生命中的重要他人。比如，成员们重新审视自己，审视与同事、与爱人、与孩子之间的相处模式，在这七天时间里前所未有地投入精力进行内心探索，而在这个深层内省的过程中，还需要与一位陌生人相处，这便是与以往的室内心理技术的不同所在。在这个过程中，沟通能力的提升、反思到的自我的不足、积极情绪的培养等，都会对成员们今后现实生活产生正面的影响。

成员积极情绪的培养与成员的参与动机有关。大家刚才听到视频中的那种爽朗的发自内心的笑声，充分说明了成员们有着强烈的参与动机，一个个犹如脱缰的野马、出笼的小鸟，整个过程都非常欢快，这其中有好几位学员的笑声都是很大声、很放肆的，这也是一种压力释放和情绪表达。这是在职场上和社交场面上极为少见的笑，成员们的笑声也代表了他们对心灵之旅的期待很高，这种期待已经化作积极的情绪、积极的行动、积极的理念影响着大家的整个过程了。

如果旅游的开始，就让游客们对旅游的期待值很高，这样便能促使其产生积极行为，且不会将这个期待寄托在旅行社外部的影响上，如果站在游客的角度来说，其对这次旅游的期待值很高，但这个期待的实现却要靠旅行社，那么这就是普通的旅游；而如果游客知道自己才是其旅游中情绪的把握者，从而积极地参与和投入，这便是心旅伴成员的心态。

在现实的旅游团之中，大部分游客都是慌乱而焦虑地等旅行社来安排和解决，有时候甚至还会发生冲突；可能只有少数的理智派或者素质高的游客，在碰到困难和问题时，他们会自己想办法，会把消极情绪转换为积极情绪。这两类游客的境界就不一样，那么游客们进入的世界也不同。这一少部分的游客，当他们心进悟，悟进理，心世界便能由自己把控，那么在旅途中的快乐悲伤、成长和顿悟都是由自己决定，也由自己负责，这样一来他们的旅行动机就升华了。

市面上现在出来一个新兴概念叫作“深度游”，深度游往往指旅行社较少干预，即旅游景点没有过多的购物点、没有指定的消费据点或者没有过多形式上的礼节、人际上的交流来消耗游客的精神力，游客能不受打扰地旅行。而我们心旅伴具体的操作是安排在一个户外的或者室内的场地做一个技术活动，让成员们互相沟通，与旅伴们达到心灵的交流与互助，在这里心旅伴让成员的参与动机达到了最大化，从旅游的效果来看，心旅伴或许是另外一种意义上的“深度游”，不是在物理空间内对游客的不打扰，而是在内心世界对游客的深层引导。

二、对四个小主题活动的解析

（一）定制级别的车乘服务

第一段的短片中，成员们在旅游大巴上通过车窗欣赏外面的风景，车里时不时会有成员发出感叹，你看那头牛好悠闲。遇到乘客很开心很想要下车体验的景点，司机会马上停车让成员们下车参观和体验，这真的是心旅伴成员的特权，这对于在路途中跟团旅游的一般游客而言，简直就是一种奢侈的待遇。这个就是私人定制级别的旅游的 VIP 服务。

所以，当时在路上随时停车到安全区域，让成员们去体验自然，虽然草可能发黄了，但游客们下车体验到的这一点点小小的变化和心旅伴的这种贴心的服务，都能拨动他们的心弦。比如说在照相摆 pose 的瞬间完全跳起来，画面和记忆定格在那一瞬间，那个场景回忆起来，就让当事人感觉那是世界上最美的体验。阳光、草地和牛羊的画面很美，旅行团成员们的表情和动作都很随意和放松，有一种与大自然融为一体的幸福感。这种定制式的服务，让游客们在旅途中享受充分的自由，让他们忘掉现实生活和工作中的许多压力和烦恼，这就是大自然给人身心的滋养和疗愈。

为何游客们在城市里本来日常享受到的都是最好的条件和设备，但他们却并不觉得体验很美好？可能是他们的心灵没有打开。而在那个有牛有荒草有旅伴的陌生景点，一个小动作或一份小惊喜，就能让游客体验到内心瞬间的福流，这有点像是往平静的心湖中扔进了一块石头，让人泛起了内心的涟漪。

这就是一种福流体验。所以在做心理旅游活动的过程中，心理导游要充分地运用所有能让成员们产生福流体验的那些小元素，可以通过沉浸体验、即时分享等一些方式将这些小元素的作用最大化，就像一位火药专家，知道用多大的力道、用什么质地的石头、手握什么样的角度才能擦出火花。

这些小元素往往都不需要做很大的策划和安排，举例而言，去买一头羊，宰了做烤全羊，有时候还不如租几头可爱的小绵羊，让成员们牵着，体验牧羊人在大草原上自由放牧的生活，也许放牧比起吃烤全羊，成员们获得的愉悦和福流的体验更多。所以，在安排体验活动的过程中，以福流体验为导向，而不是完全以经济投入为标准。

（二）笔下的白桦林

韦老师：第二个短视频的内容，就是成员们坐在白桦林里画画。现场的老师也有参加过那次活动的，请启老师谈谈感想。

启老师：我是以心理导游的视角去参与到白桦林中画画的这个活动中去的，参加后的感想就是：如果我们以后自己带学员做心旅伴，可以应用这些技术，让他们进行情感的宣泄，作为心理导游要尊重他们，陪伴他们，同时还要让成员们在自我力量的成长中，将问题和负面的能量解决掉。所以这个白桦林的画画技术是在做一种尝试，尝试将白桦林这个自然场的生机和力量赋予到成员们的心理场中，画画之后，各自也就作画过程中的想法和构图思维做分享，在思想碰撞和氛围烘托中，得到进步。

韦老师：启老师从心理导游的视角做了分享，另外两位老师也可以谈一谈你们的看法。

温老师：在白桦林中画画，通过画画这个形式的表达，可以让人平静，还可以感受和学习白桦树的一些品格：笔直修长的形状象征着刚正不阿的正直；参天般的高度也正是在风吹日晒中日积月累的坚韧造就而成，人也要经风雨历磨难。再者，在旅行的过程中，深处其中的游客要主动地打开自己的感官体验，用心去感受大自然的美和力量。

顾老师：成员们在白桦林中画画的同时，心理导游有现场播放《白桦林》这首歌，可能由于歌曲基调泛着淡淡的忧伤，成员们在这样的音乐背景中创作出的画作也会有一些个人的情绪宣泄在里面，这里的歌曲也存在引导的作用，当然，不同的歌可能引导出来的情绪也不同。

韦老师：三位老师分享的心得，我听了也有一些感悟，是关于心旅伴路线的规划和活动中科学的流程。举例而言，首先，在一个成长性或治疗性的团体活动中，考虑到成员们心理成长的规律会有起承转合的一系列的安排，如果在旅游的最后一天结束之时还进行高峰体验，这个安排是不合适的。其次，活动的设置要随着时间点的不同和成员们的需要不同而进行恰当的调整与匹配，心理线与文化线和风景点尽量做到线路三合一。再者，在九种目标先后排序的过程中，会有小的目标和大的目标，根据景点的不同特质可以将不同方面的目标进行科学的排序，做到围绕核心目标，做到首尾呼应，做到有章可循。

三位老师提到在观看视频后能感受到的旅行中的掌控与自由。真正的自由不是没有掌控的自由，如果将一群在城市朝九晚五上班的人投放在一座荒无人烟的孤岛上，让他们自由活动，培养其绝地求生的技能，很有可能会产生恐惧感。他们在失去生活基础补给的情况下，第一反应是缺乏安全感，首先会问怎么办？吃什么？喝什么？什么时候回去？这份最大程度的自由会让这些人产生巨大的恐惧感，所以说不是自由度越高就越好的，如果没有掌控感，那么是没有自由的，反之，没有自由也会让人缺乏掌控感，两者之间相辅相成。

从掌控感的角度看心旅伴中游客的心灵成长，他们加入心旅伴这样一个心灵解放的自由团体，之所以能达到心灵成长的效果，在于其对自我和环境的掌控感增强了，这便是让其在自由的团体中获得的掌控感，同时在获得的掌控感中又找到了自己人生的自由感，这种随心所欲不逾矩的状态，本应是七十岁的状态，有的心旅伴的成员在内心福流等一系列巅峰体验和顿悟之后，这种随心所欲不逾矩的状态有时也会初现端倪。

成员在活动中可以进行情绪的宣泄，我们有的心理导游可能会存在着一个误区，这个误区就是情绪化的人是失去理智的，而理智的人是从来不会情绪外露的。而事实上，阳极阴生，阴极阳生，当一个人的情绪发展到一定的程度时，他会很快地恢复到最理智的状态，所以我们在情绪合理范围内宣泄的时候，不要试图过分压抑负面情绪的释放，要接纳当下自己的情绪状态。所以，在心旅伴的主题活动中，一般都不用去刻意引导出正面或者负面的情绪，我们要的就是当下的真实的情绪。

这才是真正的自然疗法，这其中蕴含的天然去雕饰的真实体验是弥足珍贵的。

（三）褪去“幼稚”的流程外衣

心旅伴的心理旅游主题活动中，在进行具体操作之时，心理导游切忌不要“幼稚”，即不要有以专家自居，而成员们完全不懂，而且还用主题活动的流程去糊弄成员的行为，要在人格上尊重每一位团体的成员。这就要求专业的心理导游们，要做以内容和技术为导向的活动设计和分享环节，而不是止于形式层面的敷衍，要褪去明眼人都能识破的“幼稚”的流程套路，真枪实棒地做内容、做体验、做成长。

当下很多做心理学教学的人也存在类似的现象，小聪明、小套路、小把戏太多，这个是不可取的，也是做不长久的，群众的眼睛何其雪亮，怎么会感受不到这里面的猫腻？所以，不要拘泥于形式，要专注于内容。举例而言，笔者团队在某年夏天带了一个普通的心旅伴的团，不是心理导游的培训团。当时是在白桦林的景点，天上下着毛毛细雨，观光车上的成员们碍于天气的因素拒绝下车进林参与活动，但是在心理导游的要求下，大家最后还是参与了。心旅伴工作人员认真的态度感染到了团体成员们，们最终就算是淋湿淋透也下车去画画，雨水落在画板上，大家全情投入而浑然不觉。这个时候发生了意想不到的一幕，其他旅行团的游客中有三四位纷纷撑起伞为我们心旅伴的成员们打伞遮雨，画完之后双方互相道谢再作别，这真的是真善美最直观的一种体现。画画的人和撑伞的人，在烟雨蒙蒙的白桦林，互相交流着彼此旅游的心得，撑伞的游客听完，瞬间觉得我们心旅伴的旅游形式很特别，大受震撼。

再举一例，笔者团队之前在某个餐厅就餐，顺便借用其场地做分享活动，餐厅的工作人员一开始若无其事的，因为他们每天都接待很多的食客，但是分享活动到最后，餐厅的厨师、帮工、清洁人员全部都出来睁大眼睛围观，当时给予我们的反馈是：太精彩了。这些实例告诉我们，在心旅伴的活动过程中，克服一切能克服的外在条件的约束，不拘泥于表面化的“幼稚化”的形式，以成长目的为导向，扎扎实实地做活动，可能会得到意想不到的收获。

顾老师：刚刚举例中路人打伞的行为，画画的当事人之后的某个细雨天想起来，也许会深有感触；或者说，他们都不用想起这些具体的事件来，因为他们已经体验过了，这种体验已经融进了骨血，刻进了灵魂，这就是典型的“风景在旅途中，成长在不知不觉中”。

用 DV 拍的一些短片，看起来觉得视频轻描淡写，但可以把我们带到那个当下，激活我们脑海里面跟心旅伴有关的记忆。

视频里面其实有两个内容，第一个是在广场中央亭子里的游客中心，下雨时分在亭子里做了一个分离技术，当时做得比较深；第二个视频就是骑马。

（四）冷风寒雨亭中的哈达

启老师：这两段视频中让我印象比较深刻的是韦老师的那个涉及一个人生老病死的过程的“生命线技术”，我当时参与的时候，脑海中长辈去世的相关场景一幕幕浮现在眼前，让人感受到生命的弱小和无常，我们应该珍惜当下的幸福。

亭子中的这场活动中，当时下雨，温度很低，有一位女生感觉特别冷，随即有一位叫哈达的成员马上站在这位女孩的身后为她挡风遮雨，这样的场景很让人感动，人性中互帮互助的美丽一面已经展现出来了。提到这位叫哈达的成员，笔者不得不提一个细节，那就是当初筛选心理导游培训班的成员的时候，名额限定为 30 人。哈达报名之后，我们去浏览他的 QQ 签名、微信朋友圈、QQ 昵称等一系列与他性格相关的信息，发现他 QQ 昵称叫作滴血的草原，头像照片上的面相不是很和善，我们当时对哈达的第一印象很不好，所以当时在筛选的时候，对于接不接受他的报名很犹豫。他后来又递交了申请资料和经历介绍，经历中有一段犯罪史，这更增加了我们的担心。但最后在哈达多次的申请攻势下，我们怀着忐忑的心情接受了他的加入，但没想到在团体活动的整个过程中，哈达人性中的一些积极的方面全部散发出来了，他会在下着雨的时候，主动把靠垫一个个地放在大家身后御寒保暖，甚至用身体当伞为旅伴遮风挡雨，像一道墙，给团体中的同伴以暖心的照顾和贴心的保护。

团体中成员信任彼此，敞开心扉，展现真实的自我，这样的状态特别能给团体带来正向的动力。当团体成员发扬自身真善美的品格，互相帮助，用自己所学的技能在旅途中为旅伴们服务，那么这个团体将是高效的、全能的、团结的大家庭。

（五）心旅伴马场的别样体验

第二个视频内容是骑马的环节，心旅伴的旅行团和其他的旅行团，其体验方式可以有一些不同。对于普通的游客来说，骑着马跑一圈，再照一张照片，这样的步骤就能满足了；但是对于真正的深度心灵旅游的游客们而言，花 100 块钱骑马跑一圈，其实意义不大，有意义的方式就是直接进马场近距离多方面地体验。

像心旅伴这样的小团体，如果跟马场合作，可以拿到一个五星级的服务，具体而言，就是可以组织自愿想要多了解马或者想要过足骑马瘾的游客，直接进到一个马场，每人发一匹马，驯马师给大家讲马的故事，讲宝马的鉴别方法，讲马的习性和起居，讲马的文化和历史，传授与马的沟通方式，教大家如何上马下马，如何驾驭马，边学边骑，这相比于普通的游客体验，更近了一层。

从这个实例可以得知，同样去旅游，同样花差不多的钱去体验同一个项目，不同的旅行团的成员所体验到的乐趣就不一样，这也是心旅伴旅行团对骑马这项项目体验的别样设计和规划。

（六）提前踩点与坦然应对

在实际操作层面上已经被提及的提前规划和提前踩点的问题，就是俗话说的打前站，心理导游有必要提前熟悉一个景点的物理环境和文化背景，因为户外的旅游性质的团体跟室内的团体是完全不一样的，户外的团体，其不可控因素和不可抗力很多，比如天气、温度、地势、安全、场地情况、外界干扰等变量，都可能会对既定计划产生影响。所以，在不同的场景中，对于不同的情况，心理导游在提前踩点的熟悉状况下，采取专业的、及时的处理，保持坦然面对的态度，保持稳定的控场能力，这些不可控因素和不可抗力所带来的对旅游活动进程的负面影响也会被降至最低点。

提前的踩点准备和过程中的坦然应对都是对心理导游的考验，踩点的技巧在前文中有关心旅伴路线规划方面有详细描述。坦然应对指的是一种随遇而安的态度，要有一种觉悟，认为这些过程中遇到的意外是常态。在经历过这些意料之外的情况和心旅伴成员与导游的相互磨合和对自身的多次调节之后，这些参与过心旅伴的成员们，就算在以后的工作和生活中遇到一些意外的事情，肯定也会有优于以往的应对心态和策略。

三、论心理导游的自我修养

（一）心理导游的多重身份

本节讲述的这段视频是当时在游船上泛舟呼伦贝尔中俄边境的一条分界河的记录，这条河的一边是俄罗斯，另外一边是中国，是很有意义的一个景点。本节内容主要围绕着心理导游的自我修养问题来阐述，这个话题在前文的某些章节也有提及，在此做更加深入全面的探讨。

1. 民主——让游客自己做决定

提到这个坐船的事件，笔者联想到，有时候坐船这个游玩项目的费用没有包含在先前游客缴纳的费用里，由于有些旅行团收费较少，旅途中很多景点的消费不可能包含进去，这样大家会对后续参与项目时需要另外掏钱有异议，这个时候心理导游怎么去做舆论引导也是个很重要的技术活。如果舆论导向做不到位，最后，游客们不花钱坐船，也可能会让他们产生不好的体验，有的人会感觉受欺骗，也有人会后悔过来旅游，有的人过后可能会把这些负面的情绪包袱扔给旅行社和服务团队。

所以，在任何一类事情的处理上，心理导游要尽量秉持着民主的态度，不要生硬地公事公办，而是要让游客们在感觉到被充分尊重的情况下让他们自己做出选择。心旅伴的性质是心理成长，关注的焦点在于大家的内心体验是不是正向的，主要的目的是让成员们通过心理成长发现自己，而不是纠结于买不买门票的这类琐事。

2. 心理导游是观察员

韦老师：现在请启老师谈一谈看完视频以后的感想。

启老师：本人参加过那次泛舟活动，内心有着美好的回忆。身处在中俄两国国境线上的这条河中，我心中满满的爱国情怀。这又让我想到前两天，也就是12月13号“南京大屠杀”纪念日了，这些特殊的时间和地点时刻在提醒着我们勿忘国耻。当时一去到那个景点，首先我想到的是俄罗斯这个国家，曾侵占过中国数百万平方公里的土地，这其中的慷慨情怀油然而生。

通过视频里的爽朗笑声，大家就能感受到其中欢乐的氛围。其中有一位早已经退休的马老师，让我印象深刻，因为他的心态特别年轻，很有活力，就像18岁的少年，在游玩的过程中全情投入，忘却自己现实生活中的身份，展示着青春年少般的探索欲和伤春悲秋的情怀。这样的放空状态，让大家能从大自然中汲取到很多的能量。在这样一个取景非常有氛围的地点，我们心旅伴做了一个活动，主题是写下自己与生命中最重要的一个人的故事，当时所有人都很投入，活动发展到后来，有人回忆并悼念逝去的亲人，于是活动主题进入更深层次的与逝去的亲人或者朋友告别的仪式，大家很虔诚而庄严地闭眼冥想。

韦老师：在这个过程中做了一个主题的微调和深化，也是由于心理导游作为观察员这个角色应该要做到的随机应变式的反应，旅游心理技术只是工具，活动的既定主题完全可以因为场中的氛围和成员们的即时需要而做微调，旅游的观光车完全可以根据游客们的要求而停下来，心理导游完全可以在一个特殊的景点做临时而适合的体验活动，这些改动，都是因为心理导游有足够的观察力。

3. 心理导游也是体验者

共情力高的心理导游，既可以在主持主题活动的时候对成员的表现和状态进行观察，同时，心理导游也是成员中的一位，也可以通过各种技术体验达到自我成长。如上述实例中，这位心理导游在活动中共情到了爱国情感，在这个过程中是作为成员的体验者；后续从内心体验的状态中跳脱出来，在去观察别的成员的投入程度和对提议做主题微调的过程中，心理导游是观察员。

心理导游作为体验者的精神状态，是非常投入的一种状态。所以当团体成员都走进自己内心的世外桃源的时候，心理导游也走进了自己内心的世外桃源，至此，心理导游一些真实的情绪就出来了，但深度投入自己的内心世界之后很有可能难以走出这一状态而无法回归到心理导游作为观察员的角色中去。举例而言，在白桦林中画画的那个主题活动中，身为心理导游的韦老师就深深地投入那场深度体验之中，体验过后为了平复激动的情绪，将控场的任务交付给现场的一位资深的助手后，独自做了情感宣泄。这样的情况，偶尔出现还是可以理解的，但是如果出现的频率过多，没有做好观察员和体验者之间顺畅的角色转换，则可能会影响活动的进程和质量，所以这也是心理导游需要做到严格的自我控制的方面。

（二）会心状态

心旅伴的团体活动，其主要目的是使人获得成长。以存在主义的视角来看，是让游客们与时间同行，不再急于去解决问题，沉浸于当下的体验，挖掘其感受到的内涵，故此不畏过去，也不惧将来，是以有人在这种全情投入中达到内心的巅峰体验。而若以人本主义的会心理论而言，其注重人的真善美的力量，这和儒家性善论的思想是一致的。

1. 借助外力

（1）借助身边人的力量

人本主义认为，只要找寻到了内心最善良、最真诚的自己，就可以去实现自我的超越和成长，所以前期，人们所要做的就是会心。会心的形式，是与他人的心灵之间的交流，这需要借助外界的力量。那么何为借助外界的力量呢？以爱情心理学为例来说，爱人也是一股外界的力量。他人身上有我们缺乏的气质，我们可以从对方身上学习优点；贵人也是帮助自己成长的外界力量，在机遇、学识和为人方面助力我们。这是两大通往会心状态的途径，会心状态最终是要回归自己的本心，所以这是借助与他人相遇而最终与自己的内心相遇。

再从积极心理学的角度来谈，人本主义的会心状态也就类似于积极心理学的福流状态，这种状态也是一种高度体验的境界，想要达到这种福流体验不要过多地借助强烈刺激对感官的作用，而是要从内心自发的小宇宙中去进行体验，这种体验的最高的水平，宛如光速穿越时空般的流动感，有助于我们的自我成长。

（2）借助导游的既定模式

探讨一下心理导游和普通导游之间的关系，之前都是将焦点聚集在这两者之间的区别上。

普通旅行团的导游，在带团玩转景点的过程中，会讲一些景点的历史和一些重要的信息，但是不同的导游，其服务质量也有所不同，好的导游会尽职尽责，而不好的导游可能会讲得潦草粗糙一些。这里的好与不好，包括其态度、意愿、能力、知识渊博度，也包括其与游客们建立关系的能力，如果导游和游客建立了良好的关系，那么可能在服务的过程中会更尽职尽责。

这里就有一个关键点，那就是心理导游要能够和一般旅游团的导游一样，在讲解景点知识、文化符号和历史故事的时候游刃有余，如果能够将旅游心理技术和一般导游的讲解有机地结合起来，再加上一些补充性的意识形态和文化历史方面的内容，那么，心理导游的服务便会更加的专业和完整。所以，心理导游不要走固执路线，不能和导游完全不搭界，要首先成为一名合格的导游，然后再学习如何成为一名优秀的心理导游，这两者如果能够结合起来，效果就会非常棒。

心理导游在探索的过程中，开始的阶段就是要走一段导游们走过的路，这就好比开车行驶在没有路的地方，那就沿着前面的车辙走一段路，这就是站在前人的肩膀上看世界的一个原理。所以，如果想要做一位全能型的心理导游，那么首先要加入普通导游的培训机制之中沉淀和磨炼，等能够单独带普通旅行团的时候，再接受心理导游的培训和学习，将这两方面的能力锻炼得炉火纯青。最后就是一步步地带心旅伴的团，在验证自身的同时，也帮助团体成员成长。当然，还有一个更具效率的方法，那就是对优秀的、有意向的导游进行心理导游的培训，这样也是一种快速的产生心理导游的方式。

另外，值得一提的是，心旅伴的旅游团作为一个成员之间深度链接的团，总体而言会更加守时、高效，也会有更多的时间用在心灵探索的技术上，因为专门购物的时间是没有的，这些省下来的时间就用在有意义的体验与分享中了。如果心理导游对景点不是很熟悉，或者是很熟悉但是需要更数据化和系统化的讲解，那么也可以邀请普通的导游进心旅伴的团体中进行讲解，在其关键的有价值的部分讲解完毕之后，心理导游便能稍做文化与意识上的补充，进而进行旅游心理技术的运用。而导游在心旅伴的团队中浸淫良久之后，受到心理导游的影响，他也会有心理导游的思维和行为出现，可能还会帮助心理导游出谋划策，在一些环节做一些带领和分享的行为，这实际上就是该导游和风景文化的符号链接上了，也和心旅伴的心理导游和团体成员的内心链接上了。

再谈一谈关于理解的话题。心旅伴的团队时常在做主题活动时，在开阔的物理场地里，团体成员们在全情投入做分享的过程中，有时候会出现情感宣泄痛哭流涕的场景，有时候的技术会充满仪式感，成员们需要集体做一些冥想或者特定的动作，知情的围观居民和游客见怪不怪，但还是有些人不理解，可能会觉得我们哭泣的行为不正常。但是我们作为专业人士，作为参与者，我们会觉得眼泪是珍贵的，觉得有触动的人才是最可爱的。所以，遇到不懂心旅伴的人，我们也不会太在意，做好自己的活动和体验就行，也许在一场活动之后，围观的人反而认可了我们心旅伴的模式也不一定，相信心旅伴在做得越来越专业之后，在推向大众和普及的过程中，也会被越来越多的老百姓所了解和推崇。

2. 赤子之心

过去在做团体的反馈环节并要达到会心状态的过程中，我们需要借助他人的力量，所有人都打开自己的心灵，允许对方走进来，然后自己也勇敢快乐地走进别人的内心。在这个过程中，需要团体成员保持赤子之心的状态，将自我“变小”，放空自己，全身心投入这些体验技术中。譬如上文提到的泛舟活动中退休的马老师，生理年龄几十岁，却能在活动中保持 18 岁少年般的心态和活力。可能这个现象在精神分析里会被诊断为病态的退行，但是从积极心理学的角度解读，却是积极的赤子之心的真诚状态，这也与儒道两家所提的初心、本性、本心等观点相吻合。

这个赤子之心的状态，与当下社会民众所提及的“巨婴”的概念也是有区别的，不能把这两个状态混为一谈。“巨婴”的观点代表着一种消极的人性思考，这种思考认为很多人的心理实际上还未发育成熟，当表现出与年龄不符的心理状态时，按照精神分析的解读，这就是退行状态，这是人本主义所不太赞同的。

赤子之心的词解为：比喻人心地纯洁善良，在其他的语境中，有时也指报国、济世之心。现在的用法，多用赤子之心比喻某人纯粹的、全情投入的专注状态。笔者不提倡用精神分析性恶论的背景去解读上述的现象，尽管有一定的参考价值，但其对人性的看法是消极的。无论是“70 后”，是“80 后”，还是“90 后”，不管到哪个年龄阶段，有的人心中会有一个本真的、怀抱赤子之心的那样一个自我。这不是退行，也不是没成熟，而是一种正常的积极的现象。

但是，心理导游们需要把握好赤子之心的真正意义，如果对其理解有偏差，则可能会起到反作用。在会心团体兴盛的初期阶段，有的心理导游的学生们在实践操作和带团的过程中，会想尽办法将成员带进一些情境中去。举例而言，某国有一次做企业员工培训，其中有一些内容已经脱离了心理学的伦理，进入一种对人性进行训练的误区中去了，甚至参与培训的一些人因此而精神紊乱。

还有一个出现偏差的情况，即表现出赤子之心的团体成员本身就具有病态的人格，那么这种赤子之心的状态会将其未发育完整的人格激活，这表面上是一种会心的状态，但实际上是精神分析中的移情状态。举例而言，之前被关闭的慧才培训机构，是培训技术熟练老到的一些老师创办会心团体的咨询和治疗机构，那么这里会存在上述所说的弊端。会心团体本身对人性真善美的设定没问题，赤子之心作为积极的技术与方法也是没有问题的，问题就在于这些咨询和治疗机构中来访者具有病态人格结构的比例较高，长期、高频次地使用会心的赤子之心技术，也会对团体其他成员造成一定的负面影响。

言归正传，心旅伴中，我们尽量让所有成员都有达到赤子之心的体验，最后体现出来的人与人之间的链接是有距离、有条件和有关爱的，最终团体解散之后，互相之间也不会对彼此的现实生活有任何打扰，心旅伴的团体和现实生活是有明确界限的。这是本性的表达，而非病态的展现，所以在成员们回归现实生活之时，他们可以将这种在心旅伴中得到的心灵成长和超越变成自己的专属心理资源。比如说，某位成员原本很自卑，对自己的外貌或者成就感到沮丧，但是当他在心旅伴的主题活动中达成赤子之心、走进自己的世外桃源之后，看到了自己内心真正的美景，获取了积极的情绪和自信，心灵就会得到成长。

那么如何描述成员们在会心状态的体验呢？语言再高深，心理技术再尖端，其实都没有办法将人心灵深处体验到的那份美好完全说清楚。普通的文字难以表达，所以需要艺术化的作品将游客当时的心境与感悟娓娓道来，比如诗词歌赋、画作雕刻、自传游记、吹拉弹唱等，这些多元化的作品，都是各行各业的从业者们对旅途中那种会心状态的真实描述。

综上所述，心理导游实际上有四个身份：第一个身份是心理导游，即心旅伴的旅游和心灵成长的带领者；第二个身份是游客，可以根据自身的成长需要，和游客一样去体验景点的自然美、文化美，进而感受自己和他人的内心美；第三个身份是观察者，负责旅途中项目的策划和对全体成员身心状态的观察和觉知；第四个是衍生出来的多余的身份，即内在小孩，这个内在小孩就是天真的自己，其来源是心理导游作为游客身份时，通过解放天性、巅峰体验而达到的赤子之心的状态。

（三）优秀心理导游的必备素养

要想让心旅伴的旅行团能达到很好的效果，心理导游是至关重要的因素。如果想要甄别一位心理导游是否优秀，那么便要考察这位心理导游是否具备三个方面的必备素质。第一个方面是心理学相关的专业能力；第二个方面是积极品质；第三个方面为沟通能力和控场能力。只有具备这几个方面的优良素质，心理导游才能将心旅伴的工作做到最好。

1. 专业素养

心理导游是心旅伴的灵魂人物，其带团的过程中所遇到的现场情况往往比较复杂，在不同景点对不同职业和文化背景的游客所做的服务和成长工作，不是那么容易就能高质量完成的。这其中心理导游最核心的素质应该是专业方面的能力。主要包括心理旅游环节中心理导游需要完善的一些素养，包括旅游心理技术的运用能力、即兴演讲的能力、各种地方文化的熟知与体验能力、就地取材的能力等。

（1）旅游心理技术的运用能力

旅游心理技术有很多个，在不同的场景中可能侧重的技术有所不同，但是有一个技术是几乎每一场的主题活动中，心理导师都需要用到的一个技术，那就是共情。共情的能力很重要，因为整个心旅伴的过程中，心理导游都是陪伴着团体成员们的，这个陪伴与普通导游的不太一样。普通的导游主要是流程式地讲解景点的历史文化，然后保证游客的安全；而心理导游是一个全程的陪伴，带着众人深入地了解当地的文化，带着众人探索自己的内心世界，同时用共情的技术与成员们进行真诚的分享。所以共情的能力是必备的核心心理技术之一。

通多对不同的团体成员的个性进行匹配而达到深刻印象的速记能力，这个也很重要。这样就能很快记住团体中成员们各自的名字、长相和性格特征。这个可以通过一些技术和活动做到，为每个成员设定一个合适的、匹配的记忆点，这样心理导游在之后的活动设置和技术应用的过程中也会更加地得心应手。

大量的对技术的储备和掌握的能力，也是很重要的。在每一个当下，采用合适的技术，才能挖掘出成员们真正的情绪与情结；在不同的场景和环境中进行转换，在什么地方适合用什么技术，这个需要谨慎地筛选和斟酌。在同一个主题活动中，可能会使用到好几个心理技术，但这些都不是随便能做出来的，而是需要心理导游日积月累的学习和实践。心理导游在应用中磨炼和融会贯通，将这些技术应用于无形之中，才有可能成为一名称职的心理导游。

（2）即兴演讲的能力

即兴演讲能力对于心理导游而言很重要，因为心理导游说到底也还是属于导游的职业范畴，带领团队的过程中，需要进行全面深入的文化和历史介绍，进行声情并茂的演讲，运用说话技巧带动团队氛围，这些方面都对心理导游的语言表达能力有很高的要求。所以在演讲培训的过程中，让心理导游们磨炼“三分钟即兴演讲”的能力，要让心理导游知道在什么时间点该说什么类型的话语去引导团体成员。

心理导游演讲的内容包括文化历史性质的、心理学知识性质的、含有启迪意义的小故事以及富有情商的社交话语，因为心理导游会带领各种性质的团体，有亲子团、青少年团、老年团、情侣团、企业员工团等同质团体，也有报名同一个主题而组成的，成员来自各行各业的异质性团体。

（3）对文化的熟知与体验能力

心理导游在带领心旅伴团队的互动过程中，还要了解当地的地域文化和习俗知识，心理导游通过熟读地方志，能朗朗上口、自然而然地为游客们讲述当地的文化精髓和历史趣事，使整个旅途变得更加有内容。这也能在整体形象上提升心理导游的专业形象，增加团体成员们对心理导游的信任感，从而让活动得到更好的展开。

所以说心理导游还是落地于导游服务之中的，这一方面的服务是基础，即心理学服务于旅游，不是教学，也不是游学，也不是团体治疗，心旅伴本质上就是特色的高端旅游，以心灵滋养为目的的旅游。

目前心旅伴处于起步阶段，团体成员有一部分是心理学工作者，但是发展到向大众推广之时，心理导游面对的都是零心理学基础的人，所以还是要立足于旅游服务，首先将旅游方面的文化服务做到位，这样才能称得上是专业的。那么，也许会有人提议，可以去高校聘请专业的教授来讲解和培训，其实这也是行不通的，因为心理导游是跨界的，跨文化界和心理学界，还有生态学界和社会学界，这其中的文化视角是其根基。

如果在旅行中，没有加入文化的元素，景点往往会变成千篇一律且没有灵魂的亭台楼阁、花园森林和江河湖海，没有文化的背景，一棵树也只能是一棵物理意义上的树，但如果能了解到树的来历和故事，那么树便会变得颇有风土人情。普通旅行团的导游在讲解景点特色的时候，可能更加注重客体的数据准确度和历史事件的介绍，心理导游则更注重景点和事物背后的文化系统，以及其传达出来的精神和品格。

（4）就地取材的能力

新疆有很多心理咨询师，在开展工作和带领团体的过程中，有许多形式和硬件条件上的顾虑。在这种情况下，我们作为心理导游，反而要向贝尔学习求生的那种意识，贝尔就是靠一把刀和一个水壶走天下，这股野外生存能力，是心旅伴团队（包括心理导游和游客们）在旅行中都需要学习的，个中精髓就在于要会就地取材。如果能养成这样一系列的能力，这将是对心理导游的一次革命性的提升和培训。

当下社会的很多游客，包括心理导游，都是养尊处优的，可是事实上人的生存潜能是很强的，大家普遍都缺乏安全感，过分依赖于现代社会的高科技工具。所以可以通过心理导游的带领，在各个野外景点通过就地取材、体验求生的活动形式，改写团体成员们的心理体验，这样才能使他们达到那种会心的成长状态。而要想改写成员们的体验，心理导游必须要具备更高的就地取材的创造能力。

要培养就地取材的能力知识，心理导游和成员们都要有一个随遇而安的心态建设，也许旅行的目的地的硬件设备和居住条件不那么尽如人意，但是旅游不只在于感官和物质上的享受，更重要的是眼界的开阔，是与大自然的对话，是内心的探索。那么在遇到对当地风俗不适应，或者饮食与住宿条件低于预期设想的情况时，在安全的不违背原则的范围内，心理导游和游客们需要摆正心态、入乡随俗、随遇而安。

举例而言，很多游客在旅行的过程中，其实并未真正地融入当地，不尝试当地的特色饮食而执着于家乡的味道，这就类似于出国留学的华人，其朋友圈还是华人圈，这跟在国内其实没有太大的区别。其实，心理导游和游客们大可以敞开心扉，在衣食住行和内心上，尝试入乡随俗地去融入当地的文化与习俗中，而这个转变和融入的过程，也是心理导游和游客们旅游心理资本水平提高的过程。

在这里我们也可以展开谈论一下人的生存需求。首先是足够的饮水；其次是不要被感染，不被感染包括不被动物袭击和细菌病毒入侵，要有严密的衣物遮挡和躲避袭击的技巧；第三是要有睡眠和休息；第四才是食物和热量的摄入。心旅伴的旅行其实不会有特别严酷的自然环境，旅游景点都是导游和工作人员事先踩过点的，游客们跟团过来，主要是解放天性的。

作为心理导游，在带团的一开始就要对游客们做就地取材和入乡随俗这方面的训练和引导，这样在旅行结束的时候，可能有些游客的“公主病”和“少爷病”都会有所缓解，这也是一种进步。具体来说，就是在团体初步形成的过程中，心理导游就要表达清楚心旅伴本次带团的目的和意义，讲解清楚心旅伴活动的内容和风格，这样的提前声明也是对游客的尊重，这也相当于一种预见性的危机提前干预。

心理导游在带团的过程中，会做很多不一样的尝试和突破，这就是创造性，而且这些创造性还要与当地的环境贴合，即就地取材。在面对不同的自然环境时，心理导游要设计出不同以往的活动体验方式，这往往是一个心理导游专业能力和个人魅力的直观体现。如果活动的形式千篇一律，这样就不会给团体成员带来新鲜体验，必须要有属于自己的创新。

举例而言，仅仅在野餐的点火环节中就可以做就地取材的创新，一般的操作都是用打火机点火，为了增加趣味性和体验感，我们可以组织一个钻木取火的比赛。每位游客发一套钻木取火的装备，心理导游或者野外求生专家在旁全程指导。这样一来，可能这个游戏设置，会让游客们兴趣大增，还在无形当中学会一些新的技能，这就是落到实处的创意。

再举例而言，在小溪中蹚水过河的环节，我们可以设置为两两分组，其中一人背另外一位同伴过河，这样一来可能在过河的一路当中，游客会产生一些新的体验，也能增进团体成员之间的心理距离，有助于团体的建设。

在整个旅行中，总会有一些让人印象深刻的记忆亮点，这些亮点基本上都是在不经意间产生的，反而是提前设定的亮点不一定会亮，这就是创造性地就地取材带来的一些特殊体验。对于心理导游来说，如果其本身就是一个思维发散、不墨守成规、头脑灵活的人的话，保持这种静如处子、动如脱兔的灵动感，心旅伴的工作不愁做不好。

若是在室外做活动的过程中，遇到了毒辣的太阳暴晒或者瓢泼大雨等一些特殊的干扰进程的天气状况，那么就可以考虑将环节设置在室内或者车上进行，同时，心理导游也要有良好的心态，要学会接受现实，随遇而安。举例而言，旅游大巴在开往目的地的过程中突然下大雨，开到目的地的时候雨才停，那么就可以调整或者按照原计划进行活动了。在笔者带团的过程中，真就发生过几次这样的事情，所以，凡事淡定就好。心理导游不能产生自暴自弃或者手足无措的负面情绪，要做到在任何时候都能将所有的自然条件利用起来。所以，心理导游在做技术的过程中，不能顽固不变地一定要执行预先设定的计划，一切发生的计划之中和意料之外的实践，心理导游都要接纳它；一切过去的事件和情绪，心理导游都不要纠结，该放下就要放下。如果怀着这样的心态，那么遇到再多的突发事件或者危机事件，心理导游也能应对自如。

2. 积极品质

（1）包容

包容这个品质，是心理导游在开展工作的过程中必须具备的。如何去满足来自不同层面的需求，如何服务好各行各业的标准和期待都很高的游客们，这些工作都需要心理导游有十八般武艺样样精通的能力，而培养这些能力的前提就是需要有海纳百川的大格局和大气魄。

如何做到包容？从几个方面去分析，不仅仅是说心理导游的脸上挂着和善的微笑，还需要其内心保持着谦卑的心态，更需要孜孜不倦地学习和成长，以培养出自己全面的能力和技术。

（2）热情

心理导游身上表现出的坚毅、乐观、兴趣等积极品质，如果体现在带领心旅伴团队的工作中，那就是对工作的热情。当心理导游真正地热爱心旅伴这份事业，那么本着职业道德和热爱的心，在遇到困难和不可控因素的时候，他们也会有一个相对稳重的态度和行为去应对。心理导游有了工作的热情，他们才会想尽千方百计让服务更加贴心和周全。

（3）相信

在进行危机干预的过程中，心理导游有时候会出现一些状况，比如说身体疲惫或心理能量很低，这个时候心理导游不适合与团体成员进行深度交流，那么心理导游该如何应对呢？

答案是：要依靠团队的力量。因为心旅伴团体中还有导游助手和其他工作人员，这里涉及心理导游对同事的信任问题，心理导游也可以求助于身边的工作人员。当任何一个团体，其带领者出现了一些弱化状态的时候，那么团队的力量就会凸显出来。

心理导游不是万能的，他肯定有自己内心能量变弱的时候，这时就可以接受他人的帮助。这个其实也是心理导游自我成长的一种体现，尽全力做好工作的同时，也要接受自己在某些方面暂时无能为力的事实。有些事情暂时没办法处理的时候，就一定要借助外力，然后吸取经验，在下次遇到同类事件的时候可以自己面对。

3. 沟通与控场

（1）沟通能力

在一次普通的跟团旅游的过程中，如果这个旅行团的导游很贴心，会有恰当的温馨提示和很强的亲和力，那么这次旅行就会很愉快。那么心理导游也是一样的，遇到沟通能力比较强的心理导游，其共情陪伴能力一般而言也会相对较强，游客的心情也会更加好。

所以，心理导游要有较强的沟通能力，这里的沟通能力包括表达技巧和察言观色的能力，总之，就是要让游客感觉到足够的关注、陪伴和尊重。同时，顺畅的双向沟通，也能让心理导游对活动形式、技术选择、衣食住行等方面有根据地做出提示和调整；高质量的沟通也能增进团体成员对心理导游的信任。

（2）控场能力

控场能力指的是对场的把控能力，这里的场包括物理场、文化场和心理场这三方面。

关于对物理场的把控，需要心理导游对当下景点的自然环境至少有一个基本的熟悉，对于场地安全的评估要到位，对于景点的特色景观的最佳观景位置和时间点也要做到心中有数，熟悉场景情况之后，便能选择合适的、安全的视角以及最佳的空地进行活动的提前布置。

关于对文化场的把控，需要心理导游提前熟读当地与相应景点有关的人物志或名人轶事，并且融会贯通，能用自己的语言组织并复述出来，还要在故事和文化中提炼出与活动主题相关的积极品质，引导团体成员们融入当地文化，使其更加积极主动地投入体验。

关于对心理场的把控，需要心理导游相当强的应变能力。以刚刚播放的视频作为例证，启老师对于“家有高考生”这个项目的专业技术不是很熟悉，只是作为一名孩子的父亲，站在家长的角度可以做一个经验分享，这个是没有问题的，可是如果要从技术层面进行指导，启老师在没有备课的情况下直接去做，在内容呈现上会准备不足，所以他就用一种巧妙的方式将问题交给大家，同时提问者也愿意接受这个建议，之后也很主动地投入既定的主题活动中去。这便是在心理层面上的掌控能力的体现，而且这种事件在心旅伴的活动过程中常常出现，所以，心理导游随机应变的能力很重要，也很实用。

四、爱母亲、爱祖国

本节的视频内容主要分为两个部分，第一部分是呼伦湖边做的和母亲的链接的技术，另一部分是在满洲里国门旅行的记录。

（一）在呼伦湖边给母亲写信

呼伦湖和贝尔湖加起来是呼伦贝尔的意思，两个湖是相连的，而呼伦湖象征着少女，所以才选址在呼伦湖边做关于母亲的链接。

用石头和湖这两个文化符号作为文化背景进行和母亲的链接。实操中，首先让成员们每人在湖边选一块代表自己母亲的石头，然后为它取一个名字，名字可以是过去母亲的曾用名，也可以是母亲的现用名。之后捧着石头做冥想和内心对话，最后成员之间做分享。

在接下来的环节中，大家需要给母亲写一封信，现场播放以母亲为主题的歌曲，众人安静地听着湖水的波涛声，回忆着与自己母亲的点点滴滴，很多人都受到了触动，就好像流的眼泪都会化作呼伦湖的湖水，滋润着我们的心田，这是非常棒的体验。笔者作为当时的心理导游，在那一刻也感受到了疗愈，再次升华了和母亲的关系。游客们在旅途当中成长的过程中便能发现，某个个体和女性相处的模式或者和男性相处的模式，究其本质，其原型往往是该个体与母性的链接和与父性的链接。

这个在呼伦湖边用石头作为文化符号的技术，是运用了石头的技术。石头这个文化符号，在中华文明中扮演着很重要的角色，在笔者的两部著作（《石头的故事》和《本会团体心理咨询》）中都有详尽的解析。从这个实例中，我们看到了文化、符号、图腾所传达的原始而自然的力量，再加上一些旅游心理技术的流程，促使我们从活动中获得足够的滋养。成员们在需要表达、需要投射、需要转换和需要澄清的过程中做到了情感的升华，也建立了一种更成熟的亲子之爱的链接，这是一种进步。

（二）满洲里国门的红色之旅

第二段视频播放的是大家在满洲里国门听导游讲解毛主席当年坐火车从满洲里这个地点出访苏联的事。之后花了大量的时间参观这座纪念馆。这段视频资料很珍贵，因为这是一趟意义特别的旅行，这是红色革命纪念之旅，是充满爱国情怀的一次旅行，如今每每回忆至此，都颇有触动。当时中华民族正处于危难存亡之际，国际的外交氛围透露着微妙的气息，当时，有一批仁人志士心系百姓，为国为民日夜奔波奋战。这其中发生了很多悲壮的故事，先烈们前仆后继地为国捐躯，经过多年的努力，最终才迎来了全国解放。

笔者带队在这个景点做心旅伴的项目活动时，带领成员们以“打游击”分散行动的方式来进行活动。因为纪念馆的范围内都不允许做团体活动，所以，我们要变换一种新的旅游心理技术，不能像过去般围坐一圈进行主题活动，可以采用“锦囊妙计”的方式。每位成员都有一个小任务卡，这就是“锦囊妙计”，然后成员们各自去完成任务中标注的事情，也可以自由组团，互相帮助以完成任务。就像游击队员一样，大家不集合，但是同时又在执行着同样的任务，这就与先前的形式有所不同了。所以在满洲里国门这样的环境背景下，我们以化整为零的新鲜方式做着应该做的事情。从中我们可以得到一些启示，那就是外部环境不太允许和支持的情况下，调整活动的形式也可以继续进行心旅伴的项目，这是一种创新。

五、敖包文化与仪式感

弘吉剌部是十二世纪前后蒙古草原上较大的游牧部落之一。这是一个聪明能干，高雅富贵的部落，以盛产美女而闻名，蒙古部落的男子都以娶到弘吉剌部落的美女为荣。弘吉剌部族是成吉思汗的母亲诃额仑的故乡，后来发展为整个蒙古族的圣地。这个地方的经济和文化十分繁荣，与当时成吉思汗部落常常过来采购有关。弘吉剌部有许多的“敖包”，“敖包”是蒙古语，意即“堆子”，也译成“脑包”“鄂博”，意为木、石、土堆，即由人工堆成的“石头堆”“土堆”或“木块堆”。旧时遍布蒙古各地，多用石头或沙土堆成，也有用树枝垒成的，如今虽然整体数量有所下降，但是呼伦贝尔草原上也能经常见到敖包。敖包原本是在辽阔的草原上人们用石头堆成的道路和地界的标志，后来逐步演变成祭山神、路神和祈祷丰收、家人幸福平安的象征。

（一）祭祀敖包

那次去弘吉剌部做心旅伴，其中有一个活动安排的就是祭祀敖包，但是在活动的时间点到来之前，我们有意避开广场中的这个敖包，也不鼓励成员们提前私下里单独去参观敖包，因为要设定一个专门的时间点，集体用非常庄重的仪式来完成这次祭祀活动。心旅伴需要考虑到活动给成员带来的新鲜感和冲击性，普通的游客不在乎这些，那就可以在成吉思汗广场随便参观敖包，但是心旅伴的游客们最好在团体活动——祭祀敖包的时候首次接触到敖包。所以心理导游可能会对成员们交代：广场上的敖包大家不用急着去参观，敖包在这片草原上是最常见的文化符号。或者表现得若无其事，然后一路上看到有敖包的地方都只是淡定地路过。最后专门找一个时间点，集体去敖包处做活动。

回忆当时第一次集体在敖包外面的空地上做团体活动的场景，那天阳光很烈，温度高到可能会让人中暑的程度，所以决定将活动往后推迟，毕竟安全和健康才是最重要的。有的成员的身体实在扛不住，所以大家最后进去一个蒙古包里做室内活动。之后又在蒙古包参与蒙古包主人举办的全羊宴。

前面播放的这个 20 分钟的视频内容是祭祀敖包的一个大致过程。在这个过程中进行了“生命中的贵人”这个主题的技术体验，当时做的是心理导游培训团体，所以参与的人本身也是心理导游的学习者，同时又是作为游客的体验者。

按照当地的祭祀习俗，大家先围绕着敖包转了三圈，之后，我们对敖包的历史和文化内涵做了解读。第二届心理技术研究生班的学员在现场一排站好，每人对着敖包，向自己心中的贵人表达自己的情感，让敖包作为见证。当场很多人都流露出了对父母的感谢、遗憾或者别的情绪，团体成员是一起对着敖包讲的，结果全都哭了。这样的仪式化的情感宣泄之后，大家的内心会有一些成长，这是很好的。

敖包祭祀的这个与贵人对话的环节中，有一股强大的文化力量在推动着成员们往内心走，这就是文化动力的助力，在这种情况下，我们心理导游只需要稍微再投入一些常规的旅游心理技术，这个技术表现出来的效果就会非常显著。

具有仪式感的那个敖包祭拜的整个场，都给人一种神圣感。反观现如今，中国社会的经济和文化高速发展，但大部分的人都很浮躁，生活的节奏太快了，所有的东西似乎都在极速变化，比如说流量明星、网红达人、爆款、快餐恋爱、碎片化阅读、高离婚率、高自杀率等一些特殊的社会现象，都让人们感到迷茫和焦虑。如果我们把这些快速的、极简的生活方式偶尔改变一下，是不是会回归到传统的仪式感的生活中去，会不会能让人沉淀下来？会不会能让人找到一些精神上的寄托和回归？有一些有裨益的仪式，也许可以被我们拾起，人们可能通过这些仪式，将注意力放在对当下事件的心理认同上，这也会让我们的生活多一些传承的文化的动力。如果能将一部分仪式在当今的家庭、学校和社会中恰当地继承和发扬下来，那么，先贤和祖先们留下的精神传承和文化力量，也能促进我们这些后辈更好地去探索自己的精神世界。

（二）草原文化

草原文化是指世代生息在草原地区的先民、部落、民族共同创造的一种与草原生态环境相适应的文化，这种文化包括草原人们的生产方式、生活方式以及与之相适应的风俗习惯、社会制度、思想观念、宗教信仰、文学艺术等，其中价值体系是其核心内容。

在草原游牧的民族，其文化与农耕社会的定居文化是不同的。草原文化中，牧民以放牧为主要的生活和生产方式，其居住地是随着饮水和牧草的变化而迁徙的。农民的庄稼种在地里不会移动，但牧民的饮水和牧草情况会随着季节和消耗情况而有所变化，如果今年这块牧场的雨水好，那么这块牧场的饮水和牧草就能满足牧民们的放牧和居住需求，那么牧民就会在此地定居。如果某一块牧场无法满足牧民的居住和放牧的要求，那么牧民就会迁徙到下一个合适的居住地。草原辽阔，指示物或者标志性建筑不多，草场时常变幻模样，牧民们为了给自己的路线做标记，就在呼伦贝尔草原的半丘陵地势起伏的高地处，选择合适的地点放一些石头、木块之类的指示物，长此以往就堆砌成了敖包，这些敖包就类似于海上指引渔民航向的灯塔，能指示牧民出去和归来的方向。敖包为草原人民指示回家的路，见到它，草原人的心里就有安全感，就有回家的感觉，所以草原人民愿意亲近它。敖包一开始指示的是物理上回家的路，后来它慢慢地就变成了指示精神家园之路的形象了，它似乎能够连接到牧民们的“长生天”，能够连接到他们的精神家园，当草原人民迷茫和困苦的时候，习惯去敖包进行虔诚的祈祷和倾诉，这样似乎就能找到心灵的回家之路。

敖包是草原文化中一个很重要的图腾，这个图腾也是蒙古族部落文化的一个不可或缺的文化符号。关于敖包的文化，有一首广为传唱的爱情歌曲，叫作《敖包相会》。于是形成了“敖包相会”的恋爱文化，大批的青年男女纷纷前来相会于敖包，这也为敖包的图腾文化抹上了甜蜜的色彩。作为心旅伴的旅行团，我们众人走进了蒙古的草原文化，也深入体验了敖包的图腾文化，这种庄重感能帮助人们养成对文化、对古人、对自然的敬畏之心，有了敬畏之心，才能体验到这其中蕴含的力量对于自身心灵的滋养。

所有的文化符号，一开始都是有物理层面的功能性的。人们现今祭祀的很多神和很多代表自然崇拜的文化符号，它们都与信奉他们的人们的生存、生活和发展息息相关。举例而言，妈祖是流传于中国沿海地区的传统民间信仰，中国沿海人民在出海前要先祭妈祖，祈求顺风和安全，在船舶上也会立妈祖神位供奉，所以在人们心目中，妈祖是“护航女神”的化身。

关于妈祖的人物传说，有这样一个故事。妈祖本是一位普通的渔家女孩，她一生奔波海上，救急扶危，济险拯溺，护国庇民，福佑群生。她 28 岁那年，在一次海上搭救遇险船只时不幸被桅杆击中头部，落水身亡。后人授以“人行善事，死后为神”，视她升天为神，最后，渔民们内心对平安的渴望与对航海中灾难事故的恐惧心理升华后，将妈祖奉为护佑航海人的精神之神。于是，就形成了一个自然的图腾，之后与宗教信仰的力量结合起来，最后成为一个系统化的文化性质的妈祖文化。所以说，基本上所有的文化图腾在形成之初都是功能性的。比如人们在一棵古树下许愿的同时，会在树上系上一根红绳，绳上挂一块写着祈求家人平安的牌子，后面大家都来祈祷，都来系绳子挂牌子，时间一长，参与的民众一多，这棵树就成了一棵许愿树，最后就会变成当地的一个文化符号。

从功能性到精神性的发展，最后形成了一个成熟的文化符号，最后两者再融为一体，既有功能性的实际作用，又有精神上的寄托和疗愈作用。敖包也一样，开始有指示方向的路标功能，后来就变成了蒙古人聚会和联络感情的最佳场所，草原人民过节过年都要去敖包开展牧民的活动，青年男女谈恋爱也都要去敖包相会。

仪式感对每个人的重要性是不可忽视的，不管是在我们的小学时代、中学时代或者成年时代，记忆中印象深刻或者触动很深的，有很多都是那些仪式感满满的事件。再者，关于敖包这个文化符号中蕴含的文化动力，也是和大自然的力量一样，有一种推着游客往前走、往内心走的助力作用。在有图腾文化的地方旅行跟在普通的地方旅行，会有在文化动力上的这个巨大的区别。

所以说，在文化氛围很好的景点，比如说成吉思汗广场的这个敖包面前，再加上仪式感的活动，加上相应的旅游心理技术，成员们就能找到自己心灵的家园，就能真正地在旅游中成长。

六、亲子教育的成长活动

（一）普遍存在的两大问题

笔者认为，国人现在比较重要的心理问题有两个比较大的方面。第一个方面是人际关系，其中主要的问题存在于家庭关系中，主要包括亲子关系、兄弟姐妹之间的关系、夫妻关系等方面。中国是一个教育大国，有一句俗语：不要让孩子输在起跑线上。这就是对中国式父母关于孩子教育方面的真实反映，父母因为孩子的教育而焦虑，同时也因为与孩子之间紧张的亲子关系而焦虑。家庭关系紧张大部分与亲子关系紧张有关。

第二个方面是创伤性的自我人格障碍，即成长的过程当中因为被不正常和不公平对待而造成的心理阴影，这会影响当事人今后的一生。所以很多成年人，甚至是身居高位的成功人士，在遇到一些突发情况或者不如人意的事件时，都不能控制自己的情绪，易怒易激惹，很容易就用过激的语言和阻抗的行为伤害自己和别人，这是自我人格不健全的外在表现。

可能亲子关系已经成了这个时代的主要关系，接下来我们就介绍与父母对话的主题活动。不要将与父亲和母亲对话的这两个技术简单地理解为与父亲和母亲之间的关系，而要分别上升到与这个世界上所有父性成员的关系和与这个世界上所有母性成员的关系，所以这实质上是在疗愈人们内心与父性成员的关系和与母性成员的关系。

当心旅伴对普通大众做这方面的活动时，其实是在做关系方面的体验，但是如果是对心理成长者做这方面的活动，这其实就是在做与自我成长有关的主题活动了。从宏观上来看，人的一生当中所有遇到的人和经历的事，都只是在助其成长，所以在表面的层次上，与父亲和母亲的对话这两个技术是在做人际关系的活动，但从深层次上来看，就是在做关于人格自我成长的活动了。所以表面上是借助与父亲和母亲之间的对话，本质上还是围绕着成为更好的自己。

（二）与父母的对话

与父母对话的系列主题活动，主要是为心旅伴的游客成员们量身定做的。首先，心理导游先将“父亲”这个主题提出来，每个人与父亲的关系对其未来的发展有很大的影响，这一活动是在根河湿地进行的。然后，以“母亲”为主题的活动定在一代天骄草原去做。

1. 根河湿地之行

在一个秋高气爽的上午，心旅伴在根河湿地这个亚洲第一湿地，伴着湿地有着上万年历史的灌木丛，伴着这萧条的秋天景色，带领团体成员做了一场父子或者父女对话的活动。这场活动的直接目的主要是打通孩子与父亲的链接，其实心理成长没有想象中那么难。心理导游只需要将游客带到目的地，首先，通过旅游心理技术塑造一个心里的情境，先做一个真诚的自我开放，静静地讲述自己和父亲之间的故事；然后，让成员们每人找一个位置坐下来，对着根河湿地，跟父亲对话，并列出一个九宫格，每个格子里写一个或者画一个与父亲有关的时间或者场景，在这个环节中，很多人都有了深层次的感触；最后，大家通过主动参与式地听故事、说故事和做分享，使情绪或者一些创伤显露出来。

启老师：我是参与者之一，与父亲对话的这个场景，到现在我还记忆犹新，当时有几位成员的表现让我受到启发。从其自我展现中，可以看到每个人的真我，这些真我展示出来可能是以内在小孩的形式，也可能以内心遗憾的形式，还可能是以能释放负能量的形式，通过这个展示真我的环节，我们接纳真我，直面自己不足的方面。

通过韦老师的这种引导，我回想起与父亲之间能记住的点点滴滴。我从小就是一个叛逆而乖张的小孩，有很多自己的想法，也不太愿意按父辈的期望去做事，在青春期阶段一直都处于跟父母对着干的状态，父亲那时候指出了我的颓废，并为我今后在社会上的生存能力感到担忧。那个时候自己不懂事，有些时候可能还会惹恼了父亲，想起来真心觉得那个青春期阶段的自己太不懂事。现在我也有了自己的孩子，回想起当初父亲的良苦用心，那种寄托和无奈，都是最深沉的父爱的体现。父爱如山，厚重而无言，就像智慧的双眼，无论我们身在何方，都会时刻关注着我们。还是要感恩自己的父亲这么多年的付出。

顾老师：父亲是家里面的根基一样的存在，在根河湿地做与父亲的对话也是比较有寓意的。我与父亲的相处模式，是双方都不爱表达的一个状态，有时候说的一些话不中听，或者说话的时机不对，有时会在我们之间形成误会或隔阂。其实我自己知道自己是很爱父亲的，他也强势地爱着我，只是他表达父爱的方法比较奇葩。由于我从小听说他本来想要一个男孩，但我是女孩，又因为计划生育不能生二胎，父母也只有我这么一个女儿，所以他望子成龙的愿望落空了．在那个年代，人们可能觉得对女孩子在培养方面没有什么期待，加上传宗接代的传统看法，其实我与父亲的交流少得可怜，陪伴也基本可以忽略。因为父母都要上班，没有时间专门陪我玩，所以我都是在独自摸爬滚打中长大，和那些有兄弟姐妹的同龄人比起来，我可能更加以自我为中心，性格也更叛逆。

青春期的时候，我一度叛逆到做出一些比较出格的事情，比如说在手臂上用刀刻字，有时候还会离家出走。当时父亲发现后的反应是，宁愿打断我的腿，也不想让我出状况。我当时觉得父亲把家看得比我这个女儿重要得多，自己在这个家里面似乎可有可无，所以下意识用叛逆的行为引起父母的关注。

长大后回想起来父亲这些年来的历程，发现他真的没有特别地去爱某个个体，他确实将时间和精力都投入了工作，这种对工作的投入也影响了我在之后的职业生涯中的工作态度。当然，这对于当时的我而言，我的第一反应就是对他的漠视感到不爽，但同时又很期待他的关注和鼓励。慢慢地就形成了一种对父亲的比较矛盾的态度，内心膜拜父亲，但是表面上经常嫌弃父亲，却又不允许别人说任何他的坏话。总结起来，其实自己内心深处很渴望得到和别人一样的那种平常的父爱：父亲能给我讲笑话，周末全家人一起出去玩，能陪我玩我喜欢的玩具。

事物都具有两面性，我体验的父爱不是那种充满欢笑的话家常式的，但他作为一个积极、坚韧和自控力强的人，他的这种性格品质无形之中赋予了我使命感和工作的价值感。就是我事业心会比较强，而对柴米油盐之类的家务琐事则不太会投入过多的关注。

如果我去画九宫格，也许画的大多是他在家看文件的场景，因为小时候交通不便，父亲一个月才回来一次；然后另外要画的场景就是有一天凌晨四点，我和父亲在走廊中相遇，那时候我正当叛逆，通宵玩到四点多回到家遇到正要去爬山的父亲，当时他说：“你这么晚回来？”我说：“恩，你这么早出去？”这两句对话让我印象很深刻。虽然与父亲的交流不多，但是家庭的整体氛围很温暖，所以我也并没有因为父亲对我的疏忽而产生性格上的扭曲，这也是我很庆幸的一个方面。

温老师：看了这个视频，想到父亲对我的成长道路的巨大影响。父亲是一位典型的传统教育工作者，父亲常常跟我说：“成蛇就钻草，成龙就上天。”这句话很朴实，在我幼小的心灵中留下了深深的烙印。家里除了几位姐姐，我是最小的儿子，所以比较得宠，我也能感受到父亲那种无言但是用行动表达的父爱，他会给我买好吃的和好玩的。在之后的道路中，我也是走得比较平顺，没有太多的大起大落和大悲大喜，总体来说，父亲对我的积极影响很大，教会了我很多人生的道理，我很感激他的养育与付出。

韦老师：听完三位老师的分享，我也表达一下我的一些感想。对于那些持原生家庭是孩子创伤来源的论调，本人不敢苟同。每个人原生家庭的关系和教育肯定是千差万别的，但是，难道孩子在学业和工作上一帆风顺，家庭和睦备受宠爱，就能保证一定能养成健全的人格吗？答案是否定的。所有的父母，其对孩子的爱都是刻在骨血里的，都是无法用任何价值去交换和衡量的。父母亲一直在等待我们懂事，可能这个时间点早晚不一，也许他们很快就能等到孩子成熟和独立，也许有生之年都看不到自己的孩子能独当一面，但终归会有父母与孩子促膝长谈、冰释前嫌的一天，在这一天，我们会在父母面前，甚至在天人永隔之时在白发人的坟前，终于学会了懂事，这便是代际传承的默契。因此，作为心理学的工作者，我们要做的便是主动去链接这种亲子之爱，去尽全力挖掘父母和孩子内心的真善美，而不是强调这其中的创伤性回忆。

经过咱们几位老师的联合解析与自我开放，再结合这些实例，希望读者们能感受到父亲那深沉而无言的父爱，在现实生活中能感受自己父亲的温暖细节，或者调整自己作为父亲的某些言行，在反思中进行自我成长，希望大家的亲子关系都能有更良性的发展。

2. 一代天骄草原行

一代天骄大草原的美丽让团体成员们无法自拔，大家在那个景点的蒙古包里住了一天还舍不得走。大家在草原上自由奔跑，尽情地解放自己的天性。为了让团体成员们多一些感受草原美景、草原文化和牧民生活的时间，所以没有将与父亲的对话也加进来，再加上这片草原能过来旅游的时间段只有七月和八月这两个黄金月而已，这次的旅行就变得更加珍贵，所以在这片一代天骄大草原上只安排了与母亲的对话的活动。

游草原最好的季节是夏季，那个时间段的草原是绿色的，绿油油的牧草长出来，草场中印着马蹄印，真的特别美。8 月初，草原上天气好的时候，湛蓝湛蓝的天低低的，天上飘着悠闲的像棉花糖一样的白云，让人感觉所有的坏情绪似乎都被低低的云朵吸走了，草也长得比较茂盛，绿的绿，蓝的蓝，肉眼所见的真实场景就跟旅游画报上精修过的那些风景宣传图一样。所以，在这样一种宁静、包容和让人陶醉的氛围中，最容易进入与母亲的深层链接之中。过程进行得很顺利，从九宫格到冥想，再到自由分享，整个过程都是很温馨的。由于有了前面在根河湿地中与父亲深度链接的经验，这一场做下来，大家特别有默契。母亲这个形象，在我们的生活中本身就是表达爱意多一点的那个角色，相较于父亲而言，成员们更多地是会想要感谢母亲含辛茹苦的抚育。

（三）风雨桥上的感恩

这个风雨桥上的主题活动主要是亲子团参与的，同时，这也是广东的一个电视台参与拍摄的一次活动，前文也提到过这次合作录制，后面在电视台播出后，还是引起了不错的社会反响。

1. 两个突破

这其实是涵盖了一系列的比较完整的心理方向的亲子之旅，父母带着孩子交了昂贵的费用来参与的，笔者和彦博担任心理导游，主题涵盖很多方面，比如说积极情绪、自信心、感恩等，还包括记忆力训练等方面的培训课程。这里要特别说明一下，我们设置的这个感恩的主题，不是孩子感恩父母，而是父母感恩孩子，这是一种颇具意义的尝试和突破。

为何活动选址在风雨桥上？因为当时当地自然环境的限制，但就在那个人流穿梭的地方也能做出很好的效果。这说明什么？说明只要将物理场、文化场和心理场这三个场的氛围都把控到位，大家都全情投入在场中，那就不用担心行人的闯入，在那个奇特的氛围里面，行人似乎只是物理场中的一些自然因素而已。

这个风雨桥是S形的构造。中间S形的地方正好是一个拱形，我们心旅伴旅行团的成员们正好坐在中间拱形的地方，一边坐半圈人，然后中间留着位置以方便行人路过。一开始的时候，笔者就想到中间人来人往似乎就把我们这个团体的整体性给破坏了，于是将团体定位在整个大自然的范畴中，这圆圈中心的人来人往，这桥下的江水呼啸流过，着周围嘈杂的人声，都是我们团体中的因素，我们要接纳这些因素的存在事实，以平常心来看待，大家听了我的引导后，跟着我的节奏投入地参与了这次活动，最后居然做出了意想不到的好效果。

在一般的大自然的场景中，游客们不会因为有鸟叫或者有迎面吹来的风就不敢说话了，那么这些路过的人的闯入，就像是大自然中的一阵风或一声鸟叫那般自然，大家要以平常的心态去对待这些元素的存在，同时也要完全地放下自己，不要在意外人的眼光和评价，就像你不会去在意树上的树叶以及湖里的游鱼对你的看法一样。这个主题活动有两大突破点：首先，在选定地点上就有打破常规的突破，有一种闹中取静，大隐隐于市的修行感；其次，在感恩的指向上也是有异于惯例的突破，是一种逆向思维的体验，也为父母看到孩子的具体的优点提供了很好的机会，这一次的父母感恩孩子的活动，做得非常成功。

1. 正确的游戏观

有很多的小朋友在成长的过程中，多多少少都会有自己的困惑，因为现在的父母，很大程度上都忙于工作，有时候忽略对孩子的心理成长的关注，很多时候在不知不觉中，孩子表现出问题行为之后才会被觉察到，而这个时候的问题可能已经很严重了，可能需要紧急干预；而有的问题看起来很棘手，其实不过是孩子成长中常见的现象。

举例而言，孩子们在玩游戏的时候，就是手机或游戏机不离手的陶醉状态，而当心旅伴带团带着孩子和家长一起去体验那些原生态的游戏时，这些孩子早就将手机游戏抛之脑后了，从这里可以看出，亲子陪伴和亲子游戏是很有意义的。

在这次的成员中，有一对母子，他们之前的状态是：妈妈平时从儿子手里拿走手机的时候，往往两个人都会争论不休甚至大动干戈。妈妈喊儿子离开游戏去吃饭，这么一点小事都从来没有顺利过。可是在这次的旅途中，这个孩子竟然主动蜷在妈妈的怀抱里，安静认真地听妈妈讲故事，这前后的变化，就是这位母亲也感到出乎意料。因为小孩子的成长过程一定是需要伴随游戏的体验的，如果家长不参与到与孩子的游戏互动中去，是不能够进行深度的亲子沟通的。游戏是人类进化中主要的活动方法之一，我们作为家长，不是要抵制孩子接触任何游戏，而是反对不健康的游戏，也反对孩子沉迷于游戏，只要有了健康的、适度的游戏体验，孩子们便不会因为游戏而耽误学业，也不会受到不健康游戏的负面影响。但如果家长不经过科学判定，就粗暴地、不加筛选地剥夺孩子玩一切游戏的机会，可能会影响孩子的成长发育，不是科学的教育方式。

关于这次的成长活动，值得一提的是，我们心理导游团队中的燕鹏老师，特意准备了关于孩子记忆力的训练课。燕鹏老师之前做过多年的与记忆力相关的培训工作，他负责通过这个培训过程，开发孩子们的创造性的发散思维方式。当然，当时招募参与者的时候，也是用这部分的课程作为噱头，吸引了众多关注孩子思维模式的培养的家长们，结果在这一系列的亲子心旅伴的活动中，让父母与孩子找到了更为舒适的相处方式。家长参与的初衷是为了提高孩子的注意力与记忆力，从而达到提高孩子学习成绩的效果，而活动的结局，不仅仅是开发了孩子们的创新思维，还改善了他们爱孩子的思维方式，当家长们明白爱是一切而不是那些既定的方法的时候，这就说明我们这次的心旅伴团体成功了。这是一件有意义的事情，希望更多的家长和孩子能参与进来。

2. 心旅伴与夏令营的区别

现今的基础教育盛行夏令营这种拓展模式，那我们粗略地谈谈夏令营与心旅伴的区别，这也是和亲子教育相关的话题。在一些夏令营工作的老师们，反馈给我一些体会，他们说总感觉他们做的夏令营始终缺了一些东西，每天结束活动的时候，都没有技术去共情到学员的内心，这样就失去了一些教育意义，每天只是例行公事般地在游览完后做小组分享，这种形式有点像开会。所以说夏令营可以借鉴一些心旅伴中的旅游心理技术，以合适的方式将夏令营完善起来。

举例而言，前面风雨桥的活动记录中，当看到那位妈妈当着孩子的面，说出孩子的一个个具体优点的时候，那个小孩哭了，流下了感动而幸福的泪水，孩子才终于明白，妈妈一直都在关注着自己，妈妈这种积极的关注，给予了他成长的力量。这也是在这种特定的大自然环境下，在这种特定的活动环节中，才会出现的表白式的吐露心声般的交流互动，经过互动，母子之间的隔阂淡化了，这是典型的山水之间见亲情的范例，让人感动。

3. 亲子教育的重要性

近年来，心旅伴项目中重点关注的主题多半都与亲子教育相关，国家的未来一代来自每个家庭中的生力军。与亲子教育有关的心旅伴团体就包括亲子团、成长团、人际交往团、小小科学家培养团等。

亲子教育是我们每个家庭必须面对的课题，现实情况是太多的家长都感觉小孩有问题，但是家长过于关注孩子这个个体的状况，而忽略了整个家庭关系的问题，也忽略了自己的问题。我们作为家长，人无完人，是不是也要适时地去反思自己做得不到位的方面，是不是家长也要尽量多抽时间高质量地陪孩子阅读和游戏。

心旅伴的亲子教育主题，以亲子共同成长为目的，在活动中引导亲子之间的真诚互动，辅之以技术的操作，在民俗文化浓郁的自然环境中，通过综合各个渠道的动力，最后促成团体中亲子成员的人格完善和内心强大。

相信读者们在阅读这本书的过程中，多多少少都会得到一些启发，希望大家在得到启发之余，也能积极地采取行动，改善亲子关系也好，做一次有深度的旅行也罢，甚至是想要学习心理学也可以。这本书也是为所有想要进行心理旅游的同志们提供一个大致的方向。韦志中网络心理学学校在开发和制作每一门程的时候，包括笔者在撰写每一本纸质书籍的时候，都怀揣着一个真正的愿望，那就是希望能将本人 17 年心理学职业生涯探索中积累的点点滴滴，传达给所有听众和读者，希望大家能将这些技巧和知识运用到自己的现实生活和工作中，并能从中获得益处。同时，笔者也想让更多的心理学工作者，还有其他领域不同职业的人，比如教育行业的工作者、旅游行业的工作者、政府相关部门的工作人员、社会服务的工作者等这些奋斗在教育、旅游和社会服务工作第一线的人们，都能从我们网校的课程或者本书中得到一些有益于工作开展的小建议。如果对大家的工作和生活有所促进的话，那将是笔者莫大的荣幸。